国益思想の源流

落合　功

目次

国益思想の源流

序章　「国益」をどう考える

一　京都会議でのできごと

1　グローバルの問題よりも国益

国益とはどういう意味だろうか。辞書を開いてみよう。『広辞苑　第六版』（二〇〇八年、岩波書店）によれば、「国の利益、国利」と書かれてある。明快すぎて、それだけでは、なかなかわからない。読者のみなさんは、何らかの関心をもってこの本を手にしたのだろうから、「国益」と聞かれて、各人でそれぞれ何か思い出すものがあるのかもしれない。その何かは読者それぞれである。「国益」という言葉を聞いて、私がまず最初に思い出すのが、一九九七年十二月の京都会議のことである。地球温暖化が、地球（世界）規模の問題となり世界各国の代表が京都に集まった（第3

回気候変動枠組条約締約国会議、ＣＯＰ３〔コップスリー〕地球温暖化防止京都会議）。二酸化炭素など温室効果ガスの削減を意図し、各国ごとに削減の数値目標を設けた京都議定書は、世界各国が各国の事情（国益）を超えて環境問題に真摯に向き合った画期的なできごとであった。ところがである。米国は結局、締結の直前に京都議定書から離脱した。ブッシュ大統領のもと、自国経済への悪影響と途上国に削減義務がないことが理由である。いろいろな理由はあるのだろうが、要するに米国の国益に反するということだ。こうした、地球規模の問題を考える京都会議のような場でも国益を優先する米国の姿勢は、筆者にとって衝撃であったことを覚えている。逆にいえば、米国らしいとも感じさせる行動といえるだろう。

すなわち、それぞれの国々が国益を乗り超えて地球規模の問題として考えなければならない環境問題という事案に向き合ったとしても、そして、最大の温室効果ガスの排出国であり、世界をリードすべき米国であったとしても、国益と照らして、国としての立場を決めるということだ。ただ、冷静になれば、国際社会においてこうしたことは当然なのかもしれない。重要なのは、かかる行為に対し、引き留め交渉や調整などはあったとしても、何ら拘束力をもたないということである。

二〇一五年十二月に全ての国が参加したパリ協定が結ばれた（ＣＯＰ21〔国連気候変動枠組み条約第21回締結国会議〕）。このパリ協定では米国や途上国を含めた全加盟国・地域が参加することになるそうだ。世界的課題と国益の調整がみられたと評価すべきなのか、米国にとっても環境問題が国益となってきたと評価すべきなのかは検討の必要があるだろうが、いずれにせよ、国益を考える上でも興味深い。

2　国家間の交渉ごと

国家間の交渉ごとといえば、TPP（環太平洋戦略的経済連携協定）などもそうである。まさに協定を結ぶ決定のプロセスは国家間の国益を調整するプロセスといってもいいだろう。そもそもTPP自体が米国の国益を反映したものともいえるのかもしれない。国家間の戦争もある意味、国益をめぐる争いである。そう考えると民主主義や社会主義など普遍的といわれる価値や制度・思想も国益を表面化せずに世界の世論を正当化させるための理念ともいえるだろう。

グローバル化が進行する一方で、地域主義的理念は強くなっている。だから、現在はグローバル化ではなく、グローカルの時代ともいわれている。グローカルとはグローバルとローカルをかけ合せた造語で、地球規模での普遍化が進む一方で、地域の特色や特性などを生かした性格のものである。「地域の特色や特性」といえば、穏やかだが、国家を地域としてみた場合、国益は代表的なキーワードとなってくる。この国益は国家のエゴを生み出し、国際社会のなかで国家間の軋轢を生むと共に、ＥＵ（欧州連合）やＡＳＥＡＮ（東南アジア諸国連合）など国の枠組みを超えた地域結成を促す要因にもなる。しかし、他方で国にとって国益を堅持することは重要な問題でもあるのだ。本書を執筆している最中、英国が国民投票によりＥＵ離脱を決定した。ＥＵのような欧州統合は理想だが、国益を標榜する時、現実に難しいことを実感するできごとである。

自分自身は国家主義者ではないと思うが、スポーツなど、世界の舞台で日本人選手が活躍しているのをみると嬉しく思うし、それ自体が変だとも思わない。国家が存在する以上、国益は不可避の存在として考える必要があるだろう。そもそも民主主義を標榜する以上、国民の意志は不可欠だ。国益を無視すれば政権の存立自体が危うくなる。

二　渋沢栄一の国益論

これまでの国益思想の研究を牽引してきた藤田貞一郎氏は、国益について、渋沢栄一の以下の言葉を紹介し、国益を本来使用する場面と現実との相違点を紹介し、国益思想を考える重要性を紹介している。

「元来事業なるもの、性質を稽《かんが》ふれば、特に取り立て、国家的事業である、社会的事業であると其の効能を並べ立つるまでもなく、総《すべ》て国家社会の利益とならぬものは何一つ有るべき筈が無い。若し仮に私利を営む為とのみなって、国家社会と其の利益が抵触する様なものがあるとすれば、それは事業としての性質に欠くるのみか、決して永久的生命あるものでは無い。しかるに世の企業家なるものが、千篇一律の口吻《こうふん》として、これは国家的事業であるから是非賛成して呉《く》れとか、これは地方産業の為に必ずなければならぬ事業だとか云ふのであるが、天下これ程訳の解《わか》らぬことはあるまいと思ふ。余が嘗《かつ》て昔時《せきじ》大蔵省に居た頃のことであったが、地方の事業家等が出て来て、『これは国家事業であるから国庫の補助を仰ぎ度い』といふ言を度々聴かされた。余は其《そ》の都度《つど》それ等の人に対し、次のやうに答へてやった。『一体世話に云ふ理屈と紐とは何処《どこ》にでも附くものであるから、国家的事業だ、国益上の興業だと云へば、天下何事業として其の然らざるは無いといふことになる。これを極端なる例に取って言へば、米屋が米を商ふのも、車夫が車を牽《ひ》くのも、皆国家事業であると謂ふことが出来よう。如何となれば米屋あるが為に、車夫あるが為に国民の或る一部分は確かに利便を得て居るからである。斯《かく》の如く理屈は何処《どこ》にでも附けられるから、今君《きみ》等が何々事業だなぞと殊更《ことさら》国益を振り廻はして政府の補助に依頼しようとするのは、甚だ虫の好過《よす》ぎる云ひ分であらう』と言ってやったことがある。

これを要するに理屈は如何にでもなり、何処にでも附くものである。然るに其の理屈を濫用して国家事業云々と誇称する企業家ばかりが、国家の為に働いて居る訳ではない。交通とか、通信とか、金融とかいふ少数の直接国家に関係を持つものは別問題であるが、其他のものは仮令《たとえ》それが何種の事業であらうとも、企業家が特に事業其のものを誇るのは間違である。詰《つま》り国家社会と通有《つうゆう》的関係ある事業の外は其の称呼を許されないのである。而《しか》して国民の利益とか、民衆の幸福とかいふことは、事業其のものとは別に離れて存しなければならぬのであらうと思ふ。」

このように、藤田貞一郎氏は「日本資本主義の偉大なパイオニア」であり「偉大な指導者」である渋沢栄一の言を引用しながら、「こうした固有の概念装置、経済思想として指定されていたものとして抽出されるものが渋沢栄一の前掲引用史料にも窺える『国益』でなかろうか」と、述べている（藤田貞一郎『近世経済思想の研究』吉川弘文館、一九六六年）。

国益だけでなく、国を含めた熟語は、国策、国産、国恩、国富、国防、国民、国家など国をよりどころとした人々の行動規範の論理に使用される用語が多い。

こうしてみた時、本書において取り立てて国益に注目する必要はないように思うかもしれない。しかしここで敢えて著者が国益を取り上げる意味を述べると、実は国益という言葉は、江戸時代の中頃から民衆レベルでもいわれる用語であるということである。そして、政治家や学者などのレベルではなく、社会一般の通念として理解されていた言葉ということだ。日本という国家、中国や朝鮮など交渉の相手国としての日本の存在は、すでに古代から存在している。民衆レベルで国（国家）を意識するようになるのは、近世に入ってからと考えてよいだろう。そのなかで、国益という言葉が使われるようになる。

幕末になると国恩（御国恩）という言葉が登場する。そして、国策や国防など国家を前面に出した論理は、近代国家が成立してからのことである。ある意味、近世において国益という表現が使用され、それが社会的に広範囲に受け入れられていたという事実は注目できることなのだ。

三　国益という表現は十八世紀前半に登場する

日本史において、国益という表記が史料に登場するのは、十八世紀前半のことである。私がみたなかで国益という表記の初見は享保十三年（一七二八）に大師河原村の名主を務めていた池上幸定が新田開発の過程で心得書を記した「新田開発条々」である。詳細は後述するとして、簡単に述べると、新田開発が国土拡大という意味で国益ということになる（「資料編　新田開発条々」『池上太郎左衛門幸豊』川崎市市民ミュージアム、二〇〇〇年）。同史料を参照すると、国益と記されている部分について「右、五ケ条（新田開発に関する心得）の本文ハ、祖父君の記置を給へるもの也、愚云とあるハ、その意味をうけて先考の書せ置給へる傍書也」と、それ以前から伝えられていたものを記したものであり、それに幸定自身が「愚云」ということで自身の意見を追記したものである。

すなわち、同史料は、いわば家伝のようなものである。そして、国益という言葉を頻繁に使うようになるのは、幸定の子の池上幸豊であった。とくに、甘蔗砂糖の国産化を願い出る時に好んで使っている点が注目できる。当時、大量に砂糖を輸入するために、国内の金や銀、銅などの貴金属品が輸出されていたことが問題であった。そんなおり、甘蔗砂糖の国産化を提案する際、池上幸豊は、甘蔗砂糖の国産化が国益であると表現したのである。よって、国益という表現は、私のなかでは十八世紀前半に登場し、十八世紀中頃に社会的に認知された表現であると理解している。

実は、この時に使用された国益は私にとって初見だが、これが必ずしもはじめての表記かどうかは自信がない。後述するように、宝暦・天明期、林子平が仙台藩の国産物自給自足を意見する時にも国益を指摘している。ただ、そうはいうものの、池上幸豊が取り組んだ新田開発や砂糖国産化の事業を通じて、国益という表現が使われることは有益なことであろう。国益という表現が地方から登場した表現ではなく、江戸近郊の地域（川崎領）において使われた表現であることを積極的に評価したい。

以上のことから、本書では国益思想の源流を探る上で重要な人物として池上幸豊を取り上げたい。そして、このことについて考える上で、本章ではまず自分の考えを以下の三つの点から整理し紹介したい。一つは、経済思想史研究における国益思想研究の成果と課題点を紹介するものであり、二つ目は地域史研究における国益思想研究の成果と課題を紹介するものであり、そして三つ目は、思想（ものの見方、考え方）について考える必要性についてである。それらを紹介した上で、本書の内容を紹介することにしたい。

四　経済思想史研究における国益思想

1　藤田貞一郎氏の国益思想研究

経済思想史研究における国益思想研究は、先ほども紹介した藤田貞一郎氏の成果が研究を牽引してきたといえるだろう。藤田貞一郎氏は、『近世経済思想の研究』（吉川弘文館、一九六六年）において、これまでの国益思想の研究成果を紹介しているが、藤田氏の研究が国益思想について経済思想史研究として考える意味を最も積極的に評価した最初の研究であり、氏は現在に至るまで最も優れた研究者である。

藤田貞一郎氏の国益思想に対する問題意識は国家権力の強力なイニシアティブのもとに近代日本の資本主義が成立したという点にある。その過程を支えた日本固有の概念装置や経済思想を国益思想に求めて検討したわけである。

とくに注目できる点は、近世における経済思想として重要なキーワードとして「御救」と「国益」の二つの概念を提示し、紹介したことである。

すなわち、「御救」は小農保護政策を基調にしたものであり、領主は儒教的倫理思想を踏まえながら、富自体の量的拡大の観念を生み出さず、既存の社会体系の安定を目指したものとして静態的安定平衡体系に帰属するものと述べている。つまり、「御救」の概念には儒教精神に基づいた道徳中心の思想を基礎に据えた安定的社会を目指したものと評価していたといえるだろう。

それに対し「国益」は本来儒学には全くみられない、徳川期（さらには明治期）中期頃に登場した日本固有の用語であり概念であるとし、君主の道徳行為とは必ずしも一致せず、藩国家経済の自立化を媒介項にした上での富の限りなき増大を目標としたものとしている。その意味で、「国益」の登場は藩国家に基づく藩領内における国産物生産の自給自足思想（＝中央市場からの離脱と、藩領国経済の自立化）が前提であり、貿易バランスの概念が重要な意味をなすと述べている。

よって、国益思想に対する藤田氏の立場は、「中央市場依存策（大坂・京都・江戸）から断ち切り、国産物自給自足の思想・経済自立の思想」であるという評価を行い、藩領域でみられる国益思想を検討する重要性を指摘する。それが経済社会の枠組みが地域から世界に拡大する明治期にまで続くとした。そして、かかる国益が国策に転換することを展望している。かかる問題関心や研究視角は、その後の研究においても揺るぎない（藤田貞一郎『国益思想の系譜と展開』清文堂出版、一九九八年、同「近代日本製紙業発達史」〔『近代日本経済史研究の新視角』清文堂出版、二〇〇三年〕）。

2　学界での評価

かかる研究視角は学界でも高い評価を得てきている。たとえば、正田健一郎氏は「日本の経済政策思想」（社会経済史学会編『社会経済史学の課題と展望』有斐閣、一九九二年）において、藤田貞一郎氏の研究業績を紹介しつつ、以下のように述べている。少し長いが、引用したい。「産業政策という用語（概念）が日本固有のものであるとの指摘は、国益という用語（概念）が江戸時代中期に現われた日本固有のものであるとの藤田貞一郎の指摘と考え合わせる時、極めて興味深い。国益の現代的表現が産業政策なのであろう。この推論が誤りでないとすると、近代日本においてハーシュマンの『不均衡発展の連続』政策が見事に果たされた根本条件は『国益』思想の主体的、機能的構造であるということになる。江戸時代中期におこった国益思想は藩経済を充実すべしとの思想であった。当時、藩は国と同義であったから、藩益は国益であり、その充実政策の担当機関は国益（産）会所などと呼ばれたのである。かかる意味での国益を国民国家としての国益に転化させた歴史的契機はウェスターン・インパクトであった。ウェスターン・インパクトは巨大なミリタリー・インパクトであったから、国益は軍事力の強化を含むものとなった。つまり『富国強兵』という国益観の成立である。本多利明、佐藤信淵、佐久間象山、吉田松陰等はすべて富国強兵論者としての国益思想家であった。彼等はジョンソンのいう計画合理主義的経済論をもった国家主義者（攘夷家）であったのである。」

ちなみに、ハーシュマンの「不均衡発展の連続」とは、経済発展はそもそも連続的な不均衡成長の結果であるとして、不均衡の連鎖としての発展およびそれに基づく投資戦略・投資基準などを経済発展の戦略として主張したもののことである。（羽鳥茂「均衡成長・不均衡成長」〔『日本大百科全書（ニッポニカ）』〕）。

藤田貞一郎氏の提起した国益思想をめぐる研究は、研究の深化につれ、多くの批判もなされている。先に紹介した『国益思想の系譜と展開』において、いくつかの批判に対する回答を試みている。ただ、藤田貞一郎氏の研究成果を振り返る時、かかる指摘は重要であり、現在でも注目できる概念である。いくつかの批判や課題はあるものの、藤田氏の成果は国益思想を考える上での基本としても現在でも注目できる。

五　民衆思想史研究における国益思想

1　畿内での「国益」

もう一つ、民衆思想史研究の視点から国益思想について紹介しよう。また、あわせて前項で指摘したなかで藤田貞一郎氏が紹介したいくつかの点にも筆者なりにコメントしたい。国益思想についての研究は、民衆思想史の議論でも多くみられる。とくに冒頭で紹介した地域益の視点としての国益である。その場合、注目できる議論は、谷山正道氏と藪田貫氏の成果である。この二人の研究者はいずれも畿内を研究フィールドに据えており、畿内における国益の存在に注目した点が指摘できる。元来、谷山氏や藪田氏の関心は国訴であり、非領国地域といわれる畿内近国地域において国を単位とした広域訴願運動が展開されている点に注目してきた。そのなかで、谷山正道氏は大和国の国訴を紹介している（谷山正道『近世民衆運動の展開』高科書店、一九九四年）。また、藪田貫氏の「摂河支配国」論（同『近世大坂地域の史的研究』清文堂出版、二〇〇五年）に代表される藩領域とは異なる支配国（国郡）としての広域的な支配の考えも注目すべき成果である。こうした地域でも国益論理が民衆の訴願において使われているということである。そして、これらの事例により藪田氏は、国益論は武士の独占物ではなく、「士は義によって立ち、農工商は利によって立つ」という山鹿素行のいう治者と被治者の区分は国益論のもとでは消えると述べている。

つまり、ここで重要なのは支配の単位（広域支配）としての国（または郡）が存在し、民衆意識のなかでも地域的単位として国郡という枠組みは存在するのだが、領主としての地域（領域）ではないという点である。つまり、畿内では一元的な経済政策はとりえないという意味で、産業政策としての国益は存在しない。しかし、それでいながら畿内各地でも国益という表現は存在する。その意味で地域益としての国益についても注意する必要があるだろう。この点、藪田貫氏は国益に含まれる意味は「地域の成り立ち」であり、その上で主穀以外の工業用農産物による富の増殖が含意されるのだと述べる（藪田貫「国訴・国触・国益」〈同『近世大坂地域の史的研究』清文堂出版、二〇〇五年〉）。

ちなみに、かかる点は関東でも同様なことを指摘できる。かつて筆者も幕末期の関東について「『国』として引用される対象が、①米の他国売りの禁止にみられる御府内、②油の他国販売の禁止としての関東、③そして国益主法掛などに見られる全国の三つで扱われていることがわかるだろう。三重の意味での国という枠組みがある点は、関東の特質とも言える」と紹介したことがある（拙稿「幕末期商品流通の展開と江戸・関東」〔『近世の地域経済と商品流通』岩田書院、二〇〇七年〕）。このように国の範囲は多様であり、それに伴い国益の範囲も多様なのである。

2　「御救」と「国益」

民衆思想史の議論で指摘したい点として、「御救」と「国益」の関係がある。この点については、藤田貞一郎氏の「『国益』思想再説の弁」（『国益思想の系譜と展開』清文堂出版、一九九八年）において、深谷克己氏の議論で紹介した通りだが、「御救い」理念は領主制原理の基本であり、年貢・役という負担のあり方が崩れる幕藩制が解体されるまでは、存続し続けるという考え方が妥当であるし、また事実である。その意味で、江戸時代後期のあり方を考えると「御救い」理念に「国益」理念が上乗せされた状態と考えた方がよいと思われる。民衆思想史の議論では、民衆は領主に対し、この二つの概念を巧みに（都合よく）利用しながら訴願の正当性を主張する議論が多くある。この点については、第五章も参照されたい。

六　経済思想について考える

1　無意識的行動と意識的行動

現在の日本社会では、なかなか思想については目を向けてくれない。思想よりも実際や現実の方が大切だということだ。私は思想とは物を考えたり、行動するための基礎だと考えている。確かに人間の行動する根拠は、思想だけではない。たとえば、マイケル・ポラニーの『暗黙知の次元』（紀伊国屋書店、一九八〇年）によれば、「人間の知識について再考するときの私の出発点は、我々は語ることができるより多くのことを知ることができる、という事実である。」と書かれている。語ることを聞くよりも、意識的に学ぶことはなくても、我々は知らないうちに多くのことを知識として吸収しているし、経験している。そして、行動そのものも、多くの行動は無意識的になされているといえるだろう。また、その場合の行動規範はこうした無意識に蓄積される経験に基づくといえるのである。つまり、人間の行動や実践の多くは偶然の結果であり、成功することもあれば、失敗することもある。理論通りにうまくいくことは必ずしも多くはない。だから「必然」なんてものは歴史家や評論家があとづけをした理屈なのかもしれない。ただ、当時の社会や経済を考え、意志をもって実行し、社会的にもその行動が認知されるためには思想が必要なのである。

先日、とある省庁の方と話をしていた時、「予算を通すためには、今は思いを云うだけでは財務省を説得できない。数字で示さないと……」といわれたことがある。もはや思想なんか不要で、むしろ客観的な数量で示した指標を提示すべきだということだ。数量は確かに合理的な指標である。しかし、それが絶対ではない。予測通りにうまくいくこともあるだろうが、そうならない場合も多いだろう。現在の社会問題をみていると、「数字通りに」うまくいっているとは思えない。むしろ数字を盾にして新しい施策を拒むのは「一〇〇〇兆円も借金していると、何かやろうとしてもやれない」という意見の方が本当の理由のように思う。ゆとりがなければ、新たな施策をしようとしても難しい。うまくいかなければ批判の的になるだけである。その意味で考えると、数字を根拠に考え、相手を納得させるという考え自体も、ある意味現在の経済思想の一つといえるかもしれないだろう。

為政者による経済政策が成功するか否かは様々な要素によって決められる。政策実行後の結果に対する評価も評者によって分かれることはしばしばだ。そうしたなか、判断の基準となるのが政策の目的であり、理念である。政策における本来的な目的や理念に照らして政策実行後の是非を問うのが一般的といえるだろう。

2　経済思想は時代を考えるキーワード

その意味で、為政者が政策を推進する時大事なのは、政策を実施することだけでなく、いかなる経済（経世済民）思想に基づいた政策であるかである。つまり、経済思想とは、政策実行者と社会との間を結びつける手段として重要な意味があるといえるだろう。

近世における経済思想を考える時、筆者は単に当時の学者の経済的理念のみを明らかにするだけでは有益な議論であるとは思わない。何故ならば、学者に限らず評論家の経済的理念は、それ自体では理想が高くても実行性を伴わなくてもよいからである。ある意味で評論家も同じで理想をいうだけでよいのである。それでは学者という存在は不要なのかといえばそうではない。むしろ、藩の為政者や代官なりの実務を担う立場の人は学者の意見・建言や教え（思想）を踏まえながら（学びながら）、政策を実行するということが重要な問題になるだろう。そして、近世の場合、藩としては経済政策を実行する主体にしても、実際の生産活動など経済政策に取り組む担い手は民衆（身分でいうところの農・工・商の人たち）になる。このため、藩と民衆レベルとの関係のなかで具体的な経済政策が実行されるのである。いうまでもなく、それは年貢や役といった領主―民衆の間を結ぶ負担においては近世初期から存在するものであり（幕藩制の根幹であり）、両者の合意によって実行がなされるわけだが（まさにこの点において、「御救い」理念が存在する）、領主―民衆の間で行われる合意事項以外のことを新たに推進する場合、領主―民衆の間で合意を形成する新たな理念や論理が求められるのである。こうした社会や人間行動の基底として存在する思想の問題を考えることは今日においても社会の行動規範を考える上で重要な問題だと考える。そして、こうした経済思想を明らかにすることは、時代を探る上でのキーワードとなるだろう。本書はかかる十八世紀初頭から中頃にかけての経済思想についてを国益思想が登場する時期（まさに源流を探る時期）としてとらえ、国益思想の源流を明らかにしていく。

七　国益思想の源流を考える

1　国益思想について考える

以上を踏まえて、国益思想の源流について以下のように考えたい。藤田貞一郎氏は、近世後期の藩国家のもとで実施された殖産興業の思想的背景の問題として、重要な議論を提示している。その意味は確かに大きいし、そのなかで思想的意味が質的に向上したことは確かにある。ただ、藤田氏の研究スタイルは経済史家であるが故に、幕府や藩の公権力的な（公儀としての）側面についての理解が不十分であるように思う。また、幕藩制は、領主制的な原理を基礎として成立しており、その意味で、領主制的論理として重要な「御救い」は、年貢・役の負担を負うのに対して「御救い」理念が存在するのであって、単に儒教理念に由来するものではない。農民において、年貢・役という負担意識が近世を通じて保持されている以上、「御救い」理念は領主と農民の間を支える理念として存続し続けるのである。その意味で、藤田氏が指摘するように「御救い」思想から「国益」思想へと転換すると理解するのは事実からみて難しい。また、藤田貞一郎氏の取り上げる国益については、宝暦―天明期に、諸大名領国の商品生産・手工業生産に自給自足の政策や藩経済の自立化政策が姿を表すとし、そうしたなか、林子平の国産物自給自足を進める主張が登場し、これが「御国益」と述べていることを紹介している（藤田前掲『近世経済思想の研究』）。ただ、藤田氏が宝暦・天明期にみられた国益思想として具体的に紹介した事例はこの一例だけであり、あとは、文化・文政期以降の事例で紹介している。つまり、藤田氏が国益思想について議論する場合、その対象は国益思想が社会的に一定程度認知醸成された段階での検討・議論だということである。また、国産物の自給自足論だけを取り上げた場合、塩のような生活必需品を例にすれば、加賀藩では寛永四年（一六二七）、仙台藩でも寛永期に塩専売制を実施し、塩の自給自足（確保）策が図られている。そう考えると、藩内の国産物自給自足の発想が、取り立てて宝暦・天明期に登場したとはいい難いのではなかろうか。むしろ、藩内自給自足の発想は、藤田氏が指摘するような中央市場からの離脱を志向しはじめる十八世紀中頃のことではなく、近世初頭からあるのであって、中央市場は年貢米の換金市場と、藩内非自給分を補完する場として存在したと理解したほうがよいだろう。もちろん、近世初頭に藩内自給自足を目指した商品は塩など生活必需品であり軍需物資となる重要物資である点には留意する必要がある。ただ、国益思想の議論に戻せば、「そもそもなぜ国益といわれたのか」「その行為が幕藩制社会（近世社会）にどのような意味があるのか」などといった国益思想の本質にせまる議論は十分になされてきたとはいい難いのである。

だから、藤田氏は国益論（国益思想）を議論する時、畿内で存在するような地域益としての国益は例外的な事例としてしか理解できなかった。まさに、この点については、本書で国益思想の源流を考えるという課題について、享保期に「国益」という言葉を使うようになった池上幸定の新田開発事業の思想、そして、その後好んで「国益」という言葉を使うようになった、池上幸豊（池上幸定の子）の分析を通じて明らかにしたい。もちろん、これまで指摘した通り、池上幸豊の思想を探るに当たり、思想（考え方）だけで理解するのではなく、彼を支えた人脈と彼らの思想、当時の時代性、そして、池上幸豊が実際に行動し、そこで、どう考え（認識し）、再実践したかという一連の行動など、多面的に検討していくなかで国益思想の源流を探ることにしたい。

2　各章の内容

以下、簡単に各章についてまとめておこう。

第一章：「宝暦天明期という時代」では、田沼時代といわれる宝暦天明期の特質を明らかにし、国益思想が登場し、池上幸豊が活躍する背景を紹介する。また、これらの点をより明確にするために、時代的背景を紹介する。さらに近世前期にさかのぼり、①貿易問題、本草学の興隆と国産化の登場、②砂糖国産化の動き、③身分制社会といわれるなかで宝暦・天明期の社会はどのように変化していったのかなどの諸点について、幕府役人への登用や農民に対する苗字帯刀の許可をはじめとした身分的上昇の問題を例に紹介する。また本章の課題とは若干趣を異にするが田沼政権の特質についても明らかにしたい。

第二章：「池上幸豊の系譜」では、池上幸豊が活躍する前提として、池上家について紹介する。また、池上幸豊の事績について概括的に紹介する。そこで、第三章で取り上げる新田開発事業、第四章で取り上げる砂糖国産化事業以外の活動についても紹介する。とくに池上幸豊とその父幸定に大きな影響を与えた成島道筑と、池上幸豊の生涯において重要な意味をもつ冷泉家（池上幸豊は和歌詠みで冷泉家の門人になっている。）について紹介する。

ちなみに、本書で紹介する池上幸豊の池上は苗字であり、幸豊は諱である。立場は大師河原村の名主であり、身分は百姓であることから、古文書のなかでは、池上幸定の子太郎左衛門という呼称で書かれてある。その場合、代々太郎左衛門や太郎右衛門を名乗ることが多いため、本書で紹介する時、人物の理解で誤解を生じかねない。このため本書では池上幸豊として紹介したい。

第三章：「海中新田開発事業のとりくみ」では、池上幸豊とその父幸定が取り組んだ新田開発の取り組みとその思想について紹介する。とくに、国益思想が初見である享保十三年（一七二八）の「新田開発条々」について紹介し、その意味について明らかにする。

第四章：「砂糖作りをはじめる」では、池上幸豊が生涯をかけて行った砂糖国産化の取り組みについて、甘蔗砂糖の育成から氷砂糖の製作に至るまで紹介する。そして、この時池上幸豊が好んで使った国益の意味を考えたい。

第五章：「国益思想の諸相」では、池上幸豊の活躍以降、各地で展開した国益思想について紹介する。

以上の五章をもって、国益思想の源流を探ることが本書の主題である。それではまず、池上幸豊が活躍した宝暦・天明期の時代像を明らかにすることからはじめたい。

第一章　宝暦・天明期という時代

一　田沼時代

本書で取り上げる宝暦・天明期は、一般に田沼時代といわれる。十代将軍徳川家治の時、側用人・老中へと出世した田沼意次が、若年寄の子ども意知と共に権勢をふるった時代である。年貢率の引き上げに依存した増税ではなく、冥加金を課すことで株仲間を公認するなど積極的に幕府が商業活動に関係をもとうとした点に特徴がある。一般にこの時期は商品生産が次第に進展すると共に分業が進んだ時期であった。田沼政権は、この分業化の進展と共に成長した都市商人を掌握しようとしたのである。

また、金・銀・銭の三貨制度が複雑であるとして、明和五匁銀や南鐐二朱銀などを発行し金銀通貨の一本化を目指した時期でもあった。また、蝦夷地が海防問題で緊迫するなか、工藤平助の献言を入れ蝦夷地調査を推進し、一一六万町歩余りの開発計画をたてている。ほかに俵物役所や銅座を設置し、貿易体制の再編成も推進した。このように、田沼政治は革新的な政策を推進した一方で、賄賂による役人の出世が横行し、株仲間公認などの許認可に当たり運上金や冥加金を徴収したため、賄賂政治などと批判の的にもなっている。

結局、天明三年（一七八三）の浅間山の大噴火、その前後の天明の飢饉（一七八一—八九）、それに伴う江戸や大坂などの都市における打ちこわし（都市騒擾）など、社会問題が浮き彫りになった。そして、天明四年三月に佐野政言によって、江戸城で田沼意知が刺殺されると、次第に田沼意次の権勢は衰えた。そして安永元年（一七七二）から再開していた印旛沼の干拓工事も天明六年（一七八六）に利根川が洪水し、結局田沼意次の失脚とあいまって中断する。

また、人々の間には教育に対する欲求の高まりがみられる様になる。この時期までに都市では私塾や寺子屋が、農村でも多くの村々で寺子屋が作られるようになる。こうした教育の普及により文化的資質は高まり、各地で農書や養蚕書などが読まれるようになっている。

学問としても、後述する本草学がそうだが、太宰春台や三浦梅園らが経世論をはじめとした儒学者として都市のみならず地方でも活躍し、賀茂真淵や本居宣長によって国学が確立した。平賀源内や工藤平助、吉宗の命でオランダ語の習得をはじめた青木昆陽や野呂元丈などが本草学の発展と共に蘭学の基礎をひらいている。

川柳・俳諧・草双紙・談義本・読本・洒落本などの分野も発達し、文芸史の重要な画期になっている。このように宝暦・天明期は幅広い身分、階層の文化がつぼみを開きつつあった時期といえるだろう。

田沼政治の次の寛政改革では反動政治が展開される。老中首座松平定信は、従来までの人事刷新を行い、再び将軍を頂点とする大名・旗本以下の身分序列を明確化し、公儀権威の回復を推進した。このため「白河の　清きに魚も　すみかねて　もとの濁りの　田沼こひしき」とか、「世の中に　蚊ほどうるさき　ものはなし　ぶんぶといふて　夜もねられず」などという狂歌がはやることになる。

このように田沼時代の評価は必ずしも芳しいものとはいえないが、それでも狂歌に「田沼こひしき」と「鯉しき」と「恋しき」を兼ねているように、田沼時代を懐かしむ世間の声もなかったわけではない。たとえば実際、最近の研究では藤田覚の『田沼意次』（ミネルヴァ書房、二〇〇七年）のように田沼意次について普請事業や商業活動に対し積極的で伝統にこだわらない人材登用がみられ、身分制を超えた人々との関係を深めたことで開明的な人物として高い評価が与えられる。

田沼時代について紹介してきたが、もう少し時代をさかのぼりながら田沼時代といわれる宝暦・天明期の時代について考えてみることにしよう。とくに、本書に関係の深いテーマについて、①江戸時代の貿易問題と産物国産化の動き、②砂糖国産化への動き、③近世社会における身分制の三つの点から明らかにしていきたい。

二　貿易問題と産物国産化の動き

1　江戸時代初期は有数の金銀産出国だった

江戸時代初期の日本は大変豊かな国であった。

十四世紀前半ごろ、マルコ・ポーロがアジア諸国で見聞した内容口述を採録編纂した旅行記『東方見聞録』によれば、「この国（日本のこと）ではいたる所に黄金が見つかるものだから、国人は誰でも莫大な黄金を所有している。……国王の一大宮殿は、それこそ純金ずくめで出来ているのですぞ、我々ヨーロッパ人が家屋や教会堂の屋根を鉛板でふくように、この宮殿の屋根はすべて純金でふかれている。……このほか広間といわず窓といわず、いっさいがすべて黄金造りである。」と、日本のことを紹介している（『東方見聞録』2　平凡社、一九七一年）。もちろん、この内容には脚色が含まれており事実ではない。恐らく、このイメージで具体的に示すことのできる当時の建造物は平泉の中尊寺金色堂ぐらいなものであろう。しかし、こうした黄金の国といえるだけの根拠がなかったわけではない。十七世紀の日本では各地に金山・銀山が存在し、多くの金銀が採掘されていた。とりわけ銀の採掘量はメキシコと並ぶといわれる。その意味では、マルコ・ポーロが紹介した「日本は黄金の国」という評価はあながち間違いではなかった。大航海時代の到来でヨーロッパ諸国にとって日本も金銀産出国として重要な世界経済の一翼を担うことになったのである。

金銀は、戦国大名にとって重要な軍資金となった。そして、天下統一がなされた豊臣政権期には城郭様式の豪邸といわれる聚楽第や黄金の茶室などが造られると共に、天正大判を製作した。そして、一つで金の大判九六〇枚を鋳造できるという太閤分銅金を大量に発行した。黄金は権力基盤だけでなく、権威の象徴にもなったのである。

江戸時代初頭、大久保長安が鉱山奉行に任じられると、採鉱法を旧式の竪穴堀や釣し堀の方法を改めて坑道堀（横穴堀）を採用するなどの指導により、金山・銀山での産出量が飛躍的に増えたという。また佐渡の金山では直山制（直営形式）を行うと共に選鉱に水銀流し（西洋のアマルガム法）などの新法を採用することで画期的な増産に成功している。（村上直「大久保石見守長安」〔『江戸幕府の代官群像』同成社、一九九七年〕）。こうして日本は有数の金銀産出国となったが、十七世紀中頃になると金銀の産出は枯渇するようになり、急激に減産する。

2 金・銀が不足し銅に代わり、そして貿易が制限される

日本の貿易で考えると、十六世紀後半、日本からは銀が輸出されるようになり、一六三〇年頃までは金は中国をはじめとした東南アジア各地から日本に輸入されている。十六世紀中頃、ポルトガルは日本で銀を入手することでアジア域内貿易を有利に進めることができている。その後、「鎖国」となりオランダ船との日本貿易もオランダからの生糸輸入と銀輸出を中心に貿易が行われている。元禄年間になると銅の産出高が年産六〇〇〇トンに達したとされ、しかも日本産の銅は、良質で柔軟であると世界的にも高評価を得ることで、有数な銅産国として、銅の輸出を増やしたのである。こうしたなか、新井白石が「金銀は国の筋骨であり、毛髪に等しい舶来品をもって我が筋骨を抜き取ることは国家経済にとって由々しき大事である」と述べているように、金銀の海外輸出が政治問題となり、正徳五年（一七一五）には、正徳新例（海舶互市新例）が出され、清国船は年三〇隻、銀六〇〇〇貫、オランダ船は年二隻、銀三〇〇〇貫として貿易制限を行っている。こうして銅の輸出能力に応じた貿易制限と、金銀の海外流出阻止、密貿易の取り締まりが行われるに至ったのである（真栄平房昭「中世・近世の貿易」〔桜井英治・中西聡編『流通経済史』山川出版社、二〇〇二

年）」。

田沼時代に実施した銅座の再設置や俵物役所の設置などもこうした貿易政策の流れのなかで推進されたのである。

3　藩札発行

金銀の採掘量が減少したことは、国内にも大きな影響を与えている。直接的には、金属貨幣の発行高が限界になったことを意味した。それに対し、国内では貨幣経済が浸透し、貨幣の流通量が増大したことで経済規模は拡大した。このため、貨幣量が不足したのである。こうした状況に対し、幕府は二つの方法で対応する。

一つは藩札の発行である。藩札とは、幕府が各藩に対し藩札発行を許可し、各藩が自身で紙幣を発行したものである。こうした藩札発行は、備後福山藩や越前福井藩で発行したのがはじまりといわれる。一般に金遣い経済圏といわれる東日本では藩札発行は許可されず、銀遣い経済圏といわれる西日本を中心に藩札発行が許可された。こうした藩札発行は、備後福山藩や越前福井藩が古いといわれるが、その後も西日本の各藩で発行された。

藩札発行は、幕府の認可を必要とするものの、運営などは藩に委ねられていた。このため、藩内では、藩札を強制通用することとし、正貨（金貨・銀貨）の使用を認めないようにしたのである。いわゆる、藩が独自の貨幣発行権を得たことで、藩独自の経済政策を推進できたのである。この点が、先に藤田貞一郎氏が指摘していたような藩国家としての性格を見出す要素にもなっていく。他方で問題点もあった。各藩が独自に発行でき、しかも藩内で強制通用できたために、藩財政が厳しくなると、その補塡を倹約などに求めず藩札発行に求めるようになったのである。つまり、幕府としては、経済成長にあわせて金貨・銀貨の不足分を藩札発行で補うことが本来の目的であったが、実際のところ藩は幕府に届け出た貨幣量よりも大量に発行したのである。こうした傾向は江戸時代の前期でも後期でもあった。

たとえば、江戸時代前期の例で紹介すると、赤穂藩は浅野長矩が吉良上野介を江戸城内で切り付けたこと（刃傷事件）で切腹、お家断絶となった。この時赤穂藩は、これまでの藩札を六歩両替で償還している。つまり赤穂藩札の額面の六割で銀貨に交換したのである（赤穂市史編さん委員会『赤穂市史　第二巻』一九八三年）。本来であれば、藩札の額面と同額の銀貨を支払うべきであるはずが、六割であったのにもかかわらず、「さすがは大石（内蔵助）」といわれたという。

江戸時代後期の例で紹介すると、広島藩は藩札を発行することで新田開発資金や殖産興業資金に充てている。これにより、文化・文政期は藩内の景気がよかったが、その後、天保期から嘉永五年

（一八五二）にかけて、大量の藩札発行のため藩札の信用が下落している。結局、旧札と新札の交換比率を五〇〇対一（五百掛相場）に交換することで解決している。藩札発行は、殖産興業政策を推進する上で、有益な資金となる。殖産興業政策によって得られた生産物を大坂へ回送し現銀を得ることができるため、近世後期の西日本の各藩では大量に藩札を発行してしまい、結果として藩札の下落（諸物価の高騰）を招くことにもなったのである。

3　貨幣改鋳

貨幣量が不足したことで行われたもう一つの方法が貨幣改鋳である。つまり、金貨・銀貨それぞれに含まれてある金・銀の含有率を引き下げることで、貨幣量を増やすことを計画した。それを具体的に提示したのが荻原重秀の貨幣改鋳である。荻原重秀は、慶長金貨の金含有率は八七％と高かったのに対し、元禄八年（一六九五）に発行された元禄金貨では五七％にまで引き下げた（金一〇〇両を一五〇両）。また同様に、銀一〇〇目も一二五匁（銀含有量八〇％から六四％）にふくらましたのである。この時の触書にも「近年山より出候金銀も多く無之（最近、金山銀山からの採掘が枯渇し）、世間之金銀も次第ニ減し可申ニ付、金銀之位を直し、世間之金銀多く成候ため（市場への金貨・銀貨の流通量も減少したため、金貨銀貨の品位を直し、市場の貨幣量を多くするため）」

と(「金銀之部　元禄八年八月　一七五七」〔『御触書寛保集成』岩波書店、一九三四年〕)、金銀山における金銀産出量の減少や経済規模の拡大を理由に貨幣量を増やすために貨幣改鋳を実施したのである。

幕府は金貨の純度を下げることで、幕府財政として得られた改鋳益金(出目)は四五〇万両を超えたという。この時の貨幣改鋳の意義は、単に金銀の海外流出量の減少の問題だけでない。金属自体に価値を求めるような金属貨幣ではなく、現在の硬貨や紙幣と同じように貨幣や藩札自体に意味をもたせようとした点からも評価できるところである。

この貨幣改鋳は、結果として銀相場の高騰を招くことにもなった。良質な古金銀(改鋳前の金貨や銀貨)は民間で退蔵され、新しく鋳造された元禄金・銀も交換が難しくなった。とくに貨幣改鋳率が高かった元禄金貨の評判は悪く、交換に応じない事態を招いたのである。このため、金遣い圏(主として東日本)と銀遣い圏(主として西日本)との間での遠隔地取引に支障を招き、貨幣流通が逼迫した。幕府は宝永三年(一七〇六)六月に銀払底を理由に宝字銀を鋳造し、宝永五年には宝永大銭を鋳造している(田谷博吉「元禄・宝永期の改鋳と銀座」〔『近世銀座の研究』吉川弘文館、一九六三年〕)。さらに宝永四年には藩札の通用停止令を出し、貨幣流通の促進を意図したが、結局うまくいかず、最終的には旧来の含有率に戻した新貨幣(正徳金銀)を鋳造して解決を図ったのである。

貨幣不足を貨幣改鋳によって解決できなかった幕府は、享保十五年（一七三〇）に藩札発行を再び許可することで、通貨量の拡大を図ることになった。藩札発行は広島藩の事例で紹介した通り、各藩で色々な問題を招くこともあったが、明治維新の廃藩置県に伴う藩札処分令に至るまで存続する。

4　本草学の登場と物産調査

金・銀が不足するということは、国内の貨幣量が不足するだけでなく、海外への輸出品が減少することを意味した。金銀の代替として、輸出品として銅や俵物などが扱われるが、幕末の対外貿易は量的にも金額的にも減少する。このため輸入品の国産化が叫ばれるようになっている。

こうしたなか、幕府では国土資源を再点検する動きがみられるようになり、本草学が盛んになっている。本草学とは、生活に必要な自然物、とくに薬物や食物となる自然物についての総合的な知識を記載する学問であり、中国では前漢の終わり頃（紀元前八年頃）には、すでにその語はあったとされる。日本でも古代から本草書はあるが、江戸時代に入り、知識として吸収するだけでなく、本草学として（学問として）研究が展開されるようになった。これは、単に輸入品の国産化の問題だけでなく、疫病などに対する薬種の問題、飢饉などに対する救荒作物の問題にも関係していたといえるだろう。

ただ、それでも江戸時代の前期は、中国の百科全書的な本草書として著名である『本草鋼目』の学習が中心であったが、元禄期に貝原益軒が『大和本草』を著し国内でも本草学の成果がみられるようになった。

八代将軍徳川吉宗は、宮崎安貞の『農業全書』を座右の書としていたといわれるほど実学を重んじた人物として知られる。本草学もその時流に乗り、薬種や物産調査が全国的に行われるようになった。薬種一般で述べると、享保七年（一七二二）には、千葉郡小金野の滝台野という場所を丹羽正伯、桐山太右衛門に管理させ和薬栽培を行っている。また丹羽正伯や植村佐平次などは、各地の山野に自生する薬草調査のため巡歴している（大石学「薬草政策と疫病対策」〔『吉宗と享保改革』東京堂出版、一九九五年〕）。さらに享保十九年（一七三四）には諸国物産調査を命じており、その調査に基づき『諸物類纂』が完成した。このように、享保期以降、物産や薬種の調査が全国的に行われるようになったのである（大石慎三郎「宝暦・明和期の社会」〔『日本歴史大系3　近世』山川出版社、一九八八年〕）。

5　産物国産化の動き

このような全国における物産の総点検とともに幕府が積極的に推進したのが産物国産化である。輸入品を国内で生産できるようにしたのである。

日本では幕末に至るまでに奢侈品などを除き、ほとんどの産物が国産化を実現したといえるだろう。

国産化を実現した代表的な商品は生糸である。十六世紀、生糸は京都西陣などの絹織物産地の需要を得て、海外（とくにポルトガル）からの生糸輸入を増やすことになる。十七世紀には、主要な輸入品であり、白糸（生糸）貿易の統制を目的に堺・京都・江戸・大坂の生糸貿易の特権が与えられた商人仲間（糸割符仲間）が組織されている。それが江戸時代の間に生糸は、国内各地で生産されるようになり、幕末に日本が開港した十九世紀後半には逆に主要な輸出品になっている。要するに、江戸時代を通して生糸生産は日本全国で生産され産地を形成したのである。

本書でも扱う砂糖も近世の間に国産化を実現した商品である。砂糖については、本書の重要な産物なので次項で詳細に述べるが、江戸時代初期の段階で輸入品であった黒砂糖、白砂糖、氷砂糖などは、幕末にはほとんど輸入に依存することなく国産化を実現している。また、朝鮮人参なども国産化に取り組んでいる。朝鮮人参は吹上園中に植え、その成績が良好なことから各地への栽培に成功している。

また、貿易問題だけでなく、飢饉対策として重要な救荒作物などの調査が行われた。享保飢饉の後、救荒作物の育成として江戸町奉行大岡忠相の支援のもと青木昆陽が中心となり薩摩芋（甘藷）の普及がなされている。こうした流れが、田沼時代に専売特許が認められた人参座、鉄座、真鍮座の設置にもつながっていくのである。

三　砂糖国産化の流れ

1　薬種として甘味として

近世において使われる砂糖とは江戸時代では甘蔗を原料としていた。甘蔗とは、現在のサトウキビのことである。国内で砂糖以外の甘味を有するものは、蜜蜂（ミツバチ）から採取した蜜や、古くからあったものとしては、ツタの切り口から出る汁を煮詰めた甘葛煎《あまづらせん》という甘味料であった。砂糖がない時期は、菓子類はこの甘葛煎が使われたといわれる。「砂糖羊羹」などといわれるのは、砂糖が含まれているのが珍しいからだといわれ、もともと羊羹にも砂糖は入っていなかった。

砂糖は、その性格から薬種としても扱われていた。「砂糖は諸物を和らげる効能がある。（薬種として重宝される）天門冬、生姜、仏手柑などの類は、歯を損なっている人には食べづらい。だけど、これらの三品を砂糖にして食べれば、老人も容易に食べられるようになる。積聚《しゃくじゅ》（腹の差込み）などの病では非常に良い」といわれるように痛みを和らげる薬として扱われ、実際、薬種問屋が扱っていた。

この甘蔗は近世前期の段階から国産化が叫ばれていた。元禄十年（一六九七）に刊行された『農業全書』によると、「若其術を尽して、世上に多く作らば、みだりに和国の財を外国へ費しとられざる一つの助たるべし」と、甘蔗砂糖を国産化することで、輸入防遏の一助となることを紹介している。そして、「是を諸国に広く作る事ハ、国郡の主にあらずは、速やかに行はれがたかるべし、庶人の力には及びがたからん」と、甘蔗砂糖の製作には、技術的に民衆の力だけでは及ばないことから、まずは領主による支援が必要であると述べている（宮崎安貞『農業全書』岩波書店、一九三六年）。

2　江戸時代の砂糖生産（黒砂糖）

日本で消費された砂糖は、黒砂糖、白砂糖、氷砂糖、三盆砂糖などがあった。黒砂糖は甘蔗の茎を搾った液を煮て、石灰などの灰汁（アク）をとり、さらに煮詰めて固めたもので、茶褐色や黒褐色の砂糖である。宝暦期以降はほとんど輸入されなくなるが、天和二年（一六八二）には六六一トンもの黒砂糖が唐船（清国）から輸入されていた。ちなみに、元文元年（一七三六）に薩摩から大坂に移入された砂糖の入津量は二七三万斤（一六三八トン、一トン一六六六斤）にも及び、相当量の砂糖が薩摩（奄美諸島）から大坂に送られたことがわかるだろう。なお、史料中には「砂糖」としか記載されていないが、おおよそは黒砂糖とみてよい。元文五年の黒砂糖輸入量は二〇〇トン程度であることを考えると、この当時、国内市場の九割前後の黒砂糖が薩摩産（その多くが奄美諸島）であったといえるだろう。

ちなみに、薩摩の黒砂糖が大坂にはじめて送られたのは正徳三年（一七一三）のことだといわれる。この時は琉球産出の黒砂糖が送られた。このように琉球産黒砂糖も薩摩藩を通じて送られたものと理解される。なお、この時の黒砂糖は、炭団《たどん》のようなもので、丸玉と呼称されていた。享保年間から奄美大島、徳之島、喜界島産の黒砂糖は薩摩藩蔵屋敷、その他産出の砂糖は薩州定問屋、小問屋で取り扱われることになっている。近世後期になると、黒砂糖は薩摩以外でも、肥後、肥前、安芸、阿波、讃岐、土佐、伊予、紀伊、和泉、尾張、駿河、遠江、伊勢など西日本各地で生産されていた。ただ、薩摩の黒砂糖はそのなかでも最上品とされ、黒色でありながら紫色を帯び、味も軽く美しく、飴にしても味が落ちることはなかったとされる（『重修本草綱目啓蒙』〔『古事類苑　飲食部』神宮寺庁、一九一三年)。

3　江戸時代の砂糖生産(白砂糖、氷砂糖、三盆砂糖)

白砂糖は甘蔗の搾り汁を煮詰め、灰汁を抜いた白下糖を精製して白くしたものである。白砂糖は、唐船とオランダ船の両方から輸入されている。ただ、文化・文政期になると、白砂糖も輸入量が多かった明和二年(一七六五)の時と比べると、二割以下にまで減少している。また、この時期には、農村の「見舞帳」などにも黒砂糖や白砂糖の記載が散見されており、民間にまで消費が拡大している様子がわかるだろう。

白砂糖は品質によって三つに分けられた。最上を精糖、潔白糖、洋糖などといい、一般に太白砂糖といわれる。中位を官糖といい、中白といわれる。そして、下位を奮虎といい、シミなどともいわれた。白砂糖は立地条件に恵まれた、阿波、讃岐、肥後などで作られている。とりわけ讃岐の砂糖は、上質な雪白砂糖に比肩するともいわれている。十八世紀中頃には、讃岐三白の一つとして、白砂糖は綿や塩と共に高松藩財政の重要な財源にまで成長している。

白砂糖は、製造当初は国内産の白砂糖は煮ると黒みがかるといわれ、舶来の白砂糖は煮ると一層白みがかるといわれ、国内産の品質は舶来品と比べると劣るといわれた。平賀源内が大坂町人の中島屋喜四郎と話をしていた時は、「喜四郎申けるは、尤砂糖の上品は兎角漢土でなければ宜しからず、日本製の砂糖は甘味薄くして上白の色なし、甚だ下品なりと云う（喜四郎がいうには、上品な砂糖は清国産である。日本製の砂糖は甘味が薄く、色合いも悪く下品である）」といっている。

氷砂糖は純良な砂糖をいったん溶かし、ゆっくり水分を蒸発させて大きな結晶にしたものである。近世後期に佐藤信淵が著した『経済要録』によれば、「阿州、土佐ニテ氷砂糖ヲ製ス」と述べてあるように、ある程度の国内生産はあったものの、国内で自給するまでには至っていない。しかも、氷砂糖は贈答品としての性格からも、品質が重視され、輸入品としての依存から抜け切れていない。

三盆砂糖は、白砂糖をさらに精製を繰り返し純白の結晶にしたものである。

白砂糖は、品質的には評価が高い順に三盆砂糖、雪白砂糖、上白砂糖、太白砂糖とあった。ほかにオランダから送られた出島砂糖（出島白）といわれる銘柄もあった。大坂の虎屋、大手の饅頭、伏見駿河屋の羊羹などの砂糖は、これら出島砂糖と太白砂糖を混ぜてよく煮て、水気を減らした上で用いていた。

4　菓子屋の登場と消費の様子

砂糖の普及は和菓子の登場からもうかがうことができるだろう。享保期頃になると、全国各地に和菓子屋が登場する。名古屋では享保期頃から次第に菓子屋が登場するようになり、天保期に広く菓子屋を生み出した。京都では、菓子屋が増加しすぎて問題にもなっている。京都上菓子屋仲間は「国用の費」を防ぐことを理由に菓子屋仲間を既存の二四八軒以上に増やさないことにしている。そして享和三年（一八〇三）には砂糖取引の不正を取り締まっている。また、金沢城下町では、文政期頃から砂糖が多く送られるようになり、菓子製造が盛んになっている。こうした砂糖普及によって全国で菓子屋が設立された。しかも、『守貞漫稿』によれば、黒砂糖、白砂糖のいずれも、「菓子だけではなく、全ての食事にも使われる。料理、蕎麦、天ぷらから蒲鉾までこれを用いる」と述べており、近世後期の料理には不可欠なものになっている。

天明期に工藤平助が田沼意次に対し、銅の輸出を抑止するために「報国以言」という提案書を提出しているが、それによれば、「輸入砂糖の三分の一は菓子に使われており、三分の二は一般の食用に使われている。輸入量は、氷砂糖は一三から一四万斤（八四トン）、大白砂糖は一二万斤（七二トン）、中白砂糖は二五〇万斤（一五〇〇トン）ほどであった。このうち、氷砂糖と大白砂糖は高級品として武士や貴族の菓子に使われ、一般用に使われる中白砂糖のうち一〇〇万斤は江戸で費やされ（恐らくは多くは各大名屋敷と思われる）、江戸以外の国内で一五〇万斤が費やされた」と述べている。また、懸案の銅輸出との関係では「氷砂糖一斤で銅一四五匁かかり、中白砂糖一斤で銅九五匁かかる。これらの銅は海外に流出したら戻ってくることはない」と述べている。

このように、砂糖の輸入は、貿易問題との関係が切り離せない懸案事項になっていたのである。

5　幕府の国産化の取り組み

一方、国内の動向をみると、かかる貿易問題を背景に幕府として砂糖（甘蔗）の国産化の動きがみられている。正徳五年（一七一五）、新井白石は輸入砂糖の減少を目的に甘蔗砂糖の国内栽培を意図している。具体的には、オランダ人や琉球の人にも栽培法を尋ね、さらに『天工開物』などの漢籍を調べてその可能性を認め、島津氏に関係の深い近衛基熙にその試作を勧めている（栗田元次『新井白石の文治政治』石崎書店、一九五二年）。

享保十二年（一七二七）には甘蔗砂糖の国産化を目指し、薩摩藩主島津継豊が落合孫右衛門を江戸に呼びよせ、甘蔗の栽培・育成を江戸城浜御殿（西の丸屋敷）で行っている。試作が成功すると、駿河や長崎などにも植えられた（『徳川実紀』「有徳院実紀（附録巻十七）」）。

その後の、甘蔗砂糖の展開については、第四章の池上幸豊の動向と絡めながら紹介することになるが、このように貿易問題と関連しながら、幕府の主導のもと砂糖の国産化の取り組みが行われたのである。

また、日本国内での砂糖生産の状況をみると、薩摩藩奄美諸島などで黒砂糖生産が行われるようになるのは元禄期頃である。そして、池上幸豊が白砂糖生産に成功するのは明和三年（一七六八）で、氷砂糖生産が行われたのは寛政九年（一七九七）頃である。そして、讃岐国などで白砂糖生産が行われるのは文化・文政期である。近世後期になるにつれ、黒白砂糖の国産化に成功していく様子がわかるだろう。

6　近世後期の砂糖国産化の動向

近世前期の長崎貿易において、砂糖は重要な輸入品の一つであり、近世を通して輸入されている。ただ、黒砂糖は宝暦期頃には輸入されておらず、白砂糖と氷砂糖も近世後期から幕末にかけて輸入量は激減している。

他方で江戸時代の後半になるにつれ、全国各所で和菓子が生産され、庶民への需要も次第に増大したことを考える時、砂糖の需要に一定程度対応できたと理解できる。国産化は成功したといえるだろう。

こうした動きは、他方で幕藩制の構造を揺るがせる要因にもなっている。つまり、本来、米穀生産をすべき田畑にまで甘蔗の植え付けをするような地域も出てきている。そして「文政から天保の間、駿河や遠江で製作する砂糖は、おおよそ江戸へ出し、売り払うのだが、一年間で四万両から五万両となる。相場が良い時であれば、米穀と比較して三倍にもなる」と、述べている。このように、甘蔗を植える方が米穀を植えるよりも利益が上がるため、積極的に甘蔗を植えるようにしたのである。このため、幕府は甘蔗の植え付け場所を手余り地とするように再三触れを出している。また、幕末期の書物『祠曹雑識』によれば、「今ノ人ハ飲食奢侈ニ流レ、唯砂糖ヲ貴テ塩ヲ見ル事泥土ノ如ク、其米穀ト同シキヲ知ラス、砂糖ハ終年ナクトモヤムヘク、塩ハ一日モナカルヘカラス」と、同じ白い物であっても、砂糖はなくても生きることができるのに、塩は一日も欠くことができないものであるはずなのに、砂糖ばかり大事にして塩を粗末にしていると嘆いている。

砂糖を通じて幕藩制社会をみた場合、国産化には成功するものの、幕藩制社会の根幹を揺るがす要因にもなったのである。

四　身分制社会と身分上昇

宝暦天明期を紹介する上で、もう一つ重要な点として身分制の問題がある。身分制とはいうまでもなく、士農工商により身分が固定化されるという江戸時代の根幹をなす制度である。もちろん、身分制の問題を考える時には被差別民の問題や、武家奉公人などの中間的な存在など多様な側面からの検討が必要であるが、本書ではこうした問題よりも、百姓の武士化（身上り）の問題を紹介したい。身上りとは深谷克己氏が「近世の『規範身分』に上昇しようとする『士分化』願望」という指摘に端的に示している（深谷克己『江戸時代の身分願望』吉川弘文館、二〇〇六年）。実際、士農工商という身分制に固定されながらも、個々の人々をみると、農民の武士化の事例だけでなく、農民の子が商家に奉公人として雇われることなど、身分が各家で世襲的に固定化されていたとはいい難い。

本書との関わりから、私なりに身上がりの事例として二つの方向から整理したい。

しよう。

1　代官などに登用される例

一つは、村の上層農民が代官などに登用される例である。川崎平右衛門と田中休愚の二人を紹介しよう。

川崎平右衛門は武蔵国多摩郡押立村の名主であった。享保改革の一環で新田開発政策が推進されるが、享保八年（一七二三）には武蔵野台地周辺の村々が開発地となっている。元文元年（一七三六）にはほとんど武蔵野新田が検地の対象になっている。しかし新田村々は元文三年の凶作により大被害を受けた。この時、代官上坂安左衛門の命により川崎平右衛門が新田世話人として武蔵野新田の復興に傾注する。土木工事を通じて農民に食料を与え、貯穀政策や、玉川上水の復旧などに取り組むなかで、武蔵野新田の復興・安定を図った。こうして川崎平右衛門は新田開発や農村復興を行う地方巧者として評価され、美濃郡代支配下の笠松本田陣屋の代官に任じられるようになったのである。その後、勘定吟味役や石見銀山奉行などを務めている（村上直「川崎平右衛門定孝」〔『江戸幕府の代官群像』同成社、一九九七年〕）。

田中休愚は川崎宿名主だったが、江戸へ遊学し荻生徂徠や成島道筑に学び、享保七年（一七二二）に、自身の川崎宿本陣、問屋、名主といった地方・道中関係の責任者としての経験と見聞に基づいて執筆した意見書『民間省要』を徳川吉宗に献上している。『徳川実紀』を参照すると、「みづから近世の得失を論じ、民間省要十六巻をあらはしけるに、成島道筑信遍をたよりを得て、うちうち御覧に備へければ御心に応じ、まづ彼がなす所を試らるべしとて、武蔵国埼玉郡の河渠を治むべしと仰下され、彼また相模国酒匂川の水害の時も、かれに任ぜられければ……」と（「有徳院御実紀附録巻九」〔『徳川実紀　第九篇』吉川弘文館、一九三四年〕）、成島道筑を介して将軍吉宗に献上している。享保八年に荒川や多摩川両岸の六郷用水、二か領用水の改修を担当し、同十一年には宝永砂振り（富士山噴火）後の酒匂川改修を行った。そして同十四年に大岡忠相配下の支配勘定格に任じられている（斉藤司『田中休愚「民間省要」の基礎的研究—将軍吉宗への政策提言書の構成と内容—』岩田書院、二〇一五年）。

この二人の例は、享保期以降の動向として共通している。そして、より一般的に考えると、十八世紀前半は身分制が確立し、それぞれの身分での世界観が成立した時期である。この点を考える時、支配階層としての武士身分において、農政を推進しようとしても、武士身分の人々は農業の実態を知らないという問題を生んだ。つまり、農業問題に起因する問題は領主制の立場として重要な問題であると認識していながら、十分な解決策を見出せないということになる。それに対し、村落上層民の立場は、農業の実務に精通していた。しかも、江戸近郊に居住している場合、江戸で学問などに触れることで、統治の論理を享受することができた。こうしたことから、武士と農民それぞれの世界観を共有し、身分制の垣根を越えた交流や意見交換がみられることになったのである。田中休愚が『民間省要』を上呈した時の身分は武士身分ではなかったが、それはそれで有益であったのである。こうして考えると、村落上層農民層は領主と小農民の間を支える中間層として、そして農政を推進する理解者として重要な役割を果たしたのである。農政を行うということは支配者の統治のあり方の問題なので農民の立場である以上、立場は代官などに登用されなければ手腕をふるうことは現実的に不可能であった。その意味で、実態として代官などに登用され手腕をふるうことは、当時の農民にとって「願望」としてだけでなく、幕府にとっても農政改革を推進する上で、農民層（村落上層民）の登用が必要だったということである。

斉藤司氏が田中休愚が『民間省要』を著す条件として、①村・宿などにおける「事」の実態を把握・処理する能力、②「事」を「理」へ昇華させるための「理」を認識する儒学的な思考と文字として著すための表現能力、③自らが生きている時代・現実を相対化できる思考と感覚、の三つを指摘しているが、こうした能力をもつ人物が在野に存在するようになったということは、身分制の垣根を超える人物の登場として注目することができるだろう。

2　苗字帯刀の所持

もう一つは、近世中後期にみられる村落上層の苗字帯刀についてである。これは、苗字帯刀を得ることで百姓が武士化することはもちろんながら、そうとは必ずしもいえない場合でも、献金したり、褒賞を受けることで苗字帯刀を許可されることがあった。その場合でも、多くは地方文書のなかで支配とのやりとりを記した史料には苗字が書かれることはなく名前のみで記載され、私文書など公的文書でない場合、苗字が書かれてある場合が多い。

また、株を買うことで武士化することもあった。江戸周辺では八王子千人同心の株が売買されていた事例は著名だし（吉岡孝『八王子千人同心』同成社、二〇〇二年、村上直編『江戸幕府八王子千人同心』雄山閣出版、一九八八年）、土佐でも坂本龍馬の生家が郷士株を購入して郷士（献金郷士）になったことが知られる。

こうした場合は、先に指摘したような、当時の農民の身分上昇（身上がり）の願望によるところが大きい。こうした苗字帯刀の許可にみられる身分的な上昇の志向性は近世後期になるにつれてしばしばみられる。むしろ常態化されていたといえるだろう。この点、身分制の本質の問題にもなり、本書で議論するには大きすぎるが、指摘したい点は、この時期、村落上層民に対し、家臣として登用することはなかったとしても、様々な要因で苗字帯刀が許可されるようになっているということである。

ちなみに、本論で明らかにする池上幸豊の場合だが、明和五年（一七六八）に苗字帯刀が許可されている。その理由は、年来の功労によるものとされるが、単に身上がり的な願望だけでなく、新田開発や砂糖伝播の廻村において苗字帯刀が必要であるということもあった。必ずしも、川崎平右衛門や田中休愚のように代官に登用されることはなかったが、池上幸豊の活動において苗字帯刀が必要であったともいえるだろう。もちろん、池上幸豊自身が、新田開発事業や砂糖国産化事業などに参加することについて、こうした身上がりの「願望」がなかったのか、というと何ともいえない。この点については本書を通じて考えていくことにしたい。

五　宝暦天明期を考える

本章で明らかにした内容を元禄期から寛政期に至るまで簡単に振り返ってみよう。元禄時代（徳川綱吉将軍期、天和の治）は、生類憐みの令や貨幣改鋳などが推進された時期であるが、正徳期（新井白石、正徳の治）は、こうした政策を一掃した時代である。生類憐みの令を改正し、元禄の貨幣改鋳を批判し再び以前の品質に戻している。そして、享保期（徳川吉宗将軍の享保改革期）になると、再び将軍権力の復権がみられるのに対し、宝暦・天明期（田沼時代）は、商業活動を奨励し、その後武家政権の復古を特徴とする寛政期（松平定信による寛政改革期）になると、政権が交代することで政策基調が大きく変動している様子がわかるだろう。

しかし、諸商品の国産化政策の流れからみた場合、金銀産出量不足→貨幣改鋳とその失敗→貿易制限、諸産物の調査・国産化（薬種・救荒作物・商品作物の江戸での試作・成功、そして全国への普及）→諸商品の作物普及と商品作物の発展→流通掌握、といった流れで考えると、政治手法は異なるものの、商品生産の普及・国産化という一連の政策自体は一貫しており、実際、この間に国産化が果たされた商品は多くあったのである。その代表的な商品が近世前期、輸入品として大きなウエイトをしめていた生糸であり、砂糖であった。

またもう一つ、興味深い点としては、享保期と宝暦・天明期との関係でみた時、将軍徳川吉宗主導か側用人田沼意次が主導かという政権の問題は別として、実は政策的には継承的側面が多いということである。

それは、田沼意次の父意行《もとゆき》は、徳川吉宗の将軍就任にあわせて江戸城に入り御家人になった紀州系幕臣であった。享保五年（一七二〇）には徳川吉宗の命を受けて後述する成島道筑とともに冷泉為綱の和歌の門下生になっている。『寛政重修諸家譜』を参照すると、田沼意行は享保十九年（一七三四）四七歳で死去する。晩年、御小納戸の頭取となっているが、目立った活躍をみることができない。ただ逆にいえば徳川吉宗の側近中の側近であったといえるだろう。

その後、田沼意行の子田沼意次は、新田開発（普請事業）や実学の奨励、株仲間の公認などを推進するが、これらの取り組みは、手法は異なるが吉宗政権の政策を継承したといえるだろう。

その後、田沼時代は、ある意味、その次の寛政期とは異なり、学問、庶民文化や文芸活動に対して統制を加えなかった時代であった。私たちが歴史を学ぶ場合、法制史を中心に学ぶため、取り締まりが行われた時期は記憶に残るが、取り締まりのない時期＝自由だった時期については、歴史の叙述に反映されず、あまり記憶に残らない。この点、田沼時代について、「田沼父子をはじめ幕府の実権掌握者に文化思想への政策能力が欠けていたことが、この文芸思想の展開を闊達にした。」との指摘があるが（佐々木潤之助「宝暦・天明期」〔『国史大辞典』第十二巻、吉川弘文館、一九九一年〕）、文化や学問（とくに実学）に対する自由な環境が全国各地に個性的な地方文化を生み出し、武士から農民に至るまでの幅広い階層が活躍し、新たな文化を生み出したのである。また苗字帯刀の許可などが頻繁に行われるようになり、農民の身上がりがみられる。このように宝暦天明期は身分制に対し比較的緩やかな時代であったといえるだろう。

池上幸豊は、こうした時流のなかで活躍した人物であったのである。

第二章　池上幸豊の系譜

本書で紹介する池上幸豊とは、大師河原村で名主を務める太郎左衛門のことである。苗字（姓）が池上であり、名前（諱）が幸豊だが、日常的には使われていない。村方での史料や領主への訴願などでは全て太郎左衛門として出てくる。よって、本書でも日常的に使われる太郎左衛門と記した方が適切なのかもしれない。ただし、太郎左衛門という呼称は、幸豊だけでなく、先々代の幸忠も名乗っている。また幸廣（幸忠の父）と幸定（幸豊の父）は太郎右衛門と名乗っている。このように名前で叙述する場合、混乱を招きかねない。よって、本書では通常使われている呼称の太郎右衛門や太郎左衛門ではなく、池上幸豊と名前で紹介することにする。

さて、本章では本書の主役である池上幸豊について紹介するが、①池上家先祖代々の流れ、②池上幸豊の事蹟について、③学問の師匠であり池上幸豊にとって人生・思想形成に大きな影響を及ぼした成島道筑と冷泉為村について三つの点から述べていきたい。

一　池上家の系譜

1　武蔵国池上村に居住

池上家の由緒は古い。必ずしも確かだとはいえないし、全ての代を紹介するわけにはいかないが、池上家の系譜のなかで主だった人物を「池上家由緒書」などを参考にしながら簡単に紹介しよう。

まず、始祖は藤原忠平の三男忠方だという。天慶三年（九四〇）に平将門の叛乱（承平天慶の乱）で下向し、そのまま武蔵国荏原郡千束の池上村に居住した。この時家名として池上を名乗ったといわれる。

池上正定は延久二年（一〇七〇）四月に生まれた。後三年の役の際、奥州の清原武衡、清原家衡らを討伐する際に源義家の軍に従軍している。武蔵国府中に在陣し、武蔵野付近を行軍していた時のことである。霧のため源義家以下従軍の兵が道に迷い方向がわからなくなる事態があった。この時池上正定が先陣に進み出て、雁《かり》が飛来しているのをみて、ちょうど雁が帰る時期なので、東北方面を目指して飛ぶだろうと判断しそれを頼りに軍勢を進めるように進言したという。かくして無事に川越に到着できたという話が残されている。池上家の家紋は丸二一羽雁金だが、この伝説に由来するといわれる。

鎌倉時代になると、嘉祥四年（一二三八）二月、池上康光は鎌倉幕府の四代将軍頼経（九条頼経＝摂家将軍）が鎌倉から京都に上洛する際、随行の兵一九二騎のなかに入っていたという。

また、池上宗仲（池上右衛門大夫）は、作事奉行を担当し、武蔵国千束郷を領地として与えられたという。池上家の幕府における職掌は、宮大工と呼ばれる造営奉行、ないし棟梁（奉行）、番匠などと呼ばれる工匠だったといわれる（「池上家の歴史」『池上太郎左衛門幸豊』二〇〇〇年）、新倉善之「日蓮の入滅と池上氏」（『大田区史』上巻、一九八五年）。

池上家と日蓮、および日蓮宗（法華経）との関係は深い。とくに池上宗仲は、もともとは禅宗だったが、康元元年（一二五六）に日蓮宗に帰依し、鎌倉日蓮上人の大檀越になっている。文応元年（一二六〇）、日蓮が池上宗仲の館に来た時には、池上宗仲が所持していた山林や土地を寄付し、法華の道場にしている。そして文永十一年（一二七四）十一月に堂を建設し、長栄山本門寺と号するようになった。

ただ、池上宗仲の父左衛門大夫は、極楽寺忍性（律宗）の熱心な信仰者であったため、親子で信仰上の確執が生じ、父左衛門大夫は宗仲を勘当するようなこともあった。結局、父左衛門大夫も法

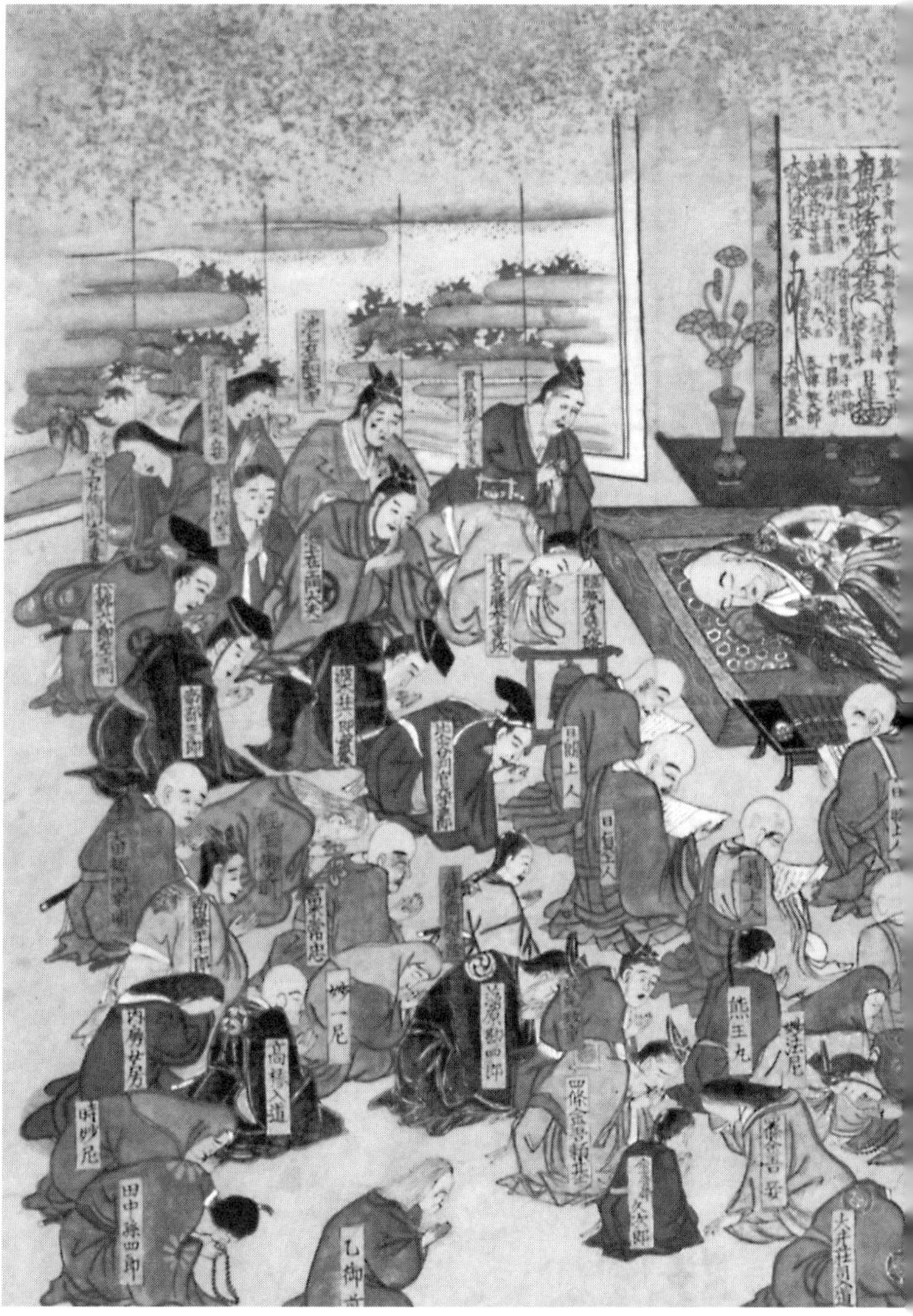

図 1　日蓮上人涅槃図（川崎市市民ミュージアム所蔵）

華経に帰依している。その後、「身延山より艮（うしとら）に当りて、武蔵国池上右衛門大夫宗長（仲か）が家にして死すべく候歟……」と、池上村の池上宗仲の居宅に日蓮が晩年立ち寄り、入滅したことでも知られる。弘安五年（一二八二）十月十三日に日蓮は池上宗仲の屋敷で入滅したが、早朝卯の刻（午前六時前後）に、急を聞いて池上宗仲夫妻が鎌倉からかけつけ、枕元で「宗仲参り候」と声をかけると、日蓮は両眼を開いて答えたという。

日蓮上人が入滅した様子を涅槃図に模して描いた「日蓮上人涅槃図」（図1、五八―五九頁）にも左上に池上右衛門大夫をはじめとした池上家一族が載っている。

2　大師河原村に転居

その後も池上家は池上村に住み続けるが、元和年間（一六一五～二四）の池上右近幸廣の時に大師河原村へと転居した。元和年間に池上本門寺を建立し、御山御本院大坊と改め寺院とし、居所や山林、家屋敷など六万九三八四坪を寄附したという。ちなみに、この六万九三八四坪という坪数は法華経の数をなぞったもので（法華経の八巻で六万九三八四文字あるといわれている。）、実際は十万坪余りであったという。

また、この池上幸廣の父幸種は、多摩川の流末である海辺の寄洲二〇〇町歩余りを自費で埋め立て、新開地として開墾している。元和期に池上村から大師河原村に転居したことが事実とすれば、この幸種の新田開発事業の成功が大きな要因であったといえるだろう。この幸種は慶長十三年（一六〇八）に死去するが、幸廣自身も埋立開墾の事業を継承し、自費で開墾に従事している。そして寛永二十一年（一六四四）に検地が行われ、七〇〇石の高入れがなされた。この時、一部を自分の所持地とし、残りは百姓に分地し、大師河原村として立村したという。その後、居宅が狭くなったため、寛永元年（一六二四）二月に同じ大師河原村の藤崎に居宅を建て移転している。なお、この時期から太郎右衛門と名乗るようになったという。また、寛永二年頃、海辺の新田開発にとりかかっている。開発当初は太師河原新田と名乗ったが、その後、稲荷新田と名前をかえ太郎右衛門の弟である池上七左衛門幸繁が名主になったという。

また、幸廣は酒を好み、世間に知れ渡っていた大酒呑みであった。大蛇丸底深という異名をもち、世間でも著名であったという。慶安元年（一六四八）に江戸大塚地黄坊樽次と酒合戦を行ったことで知られる。ちなみに酒合戦は幸廣の晩年のことでもあり、大塚地黄坊樽次の勝利で終わった。この時、樽次から「さては、そこふかどのも（底深殿も）、今はそこはさに（底浅に）なりけるよ」といわれ、さらに「池にすめる、大じゃと問ぬれど、酒呑む口は小蛇なりけり」と、一首詠まれている。（「水鳥記」〔『江戸叢書』七、一九一六年〕）。この酒合戦で負けたことで気落ちしたの

図2　池上家系図（川崎市市民ミュージアム編『大江戸マルチ人物伝　池上太郎左衛門幸豊』より転載）

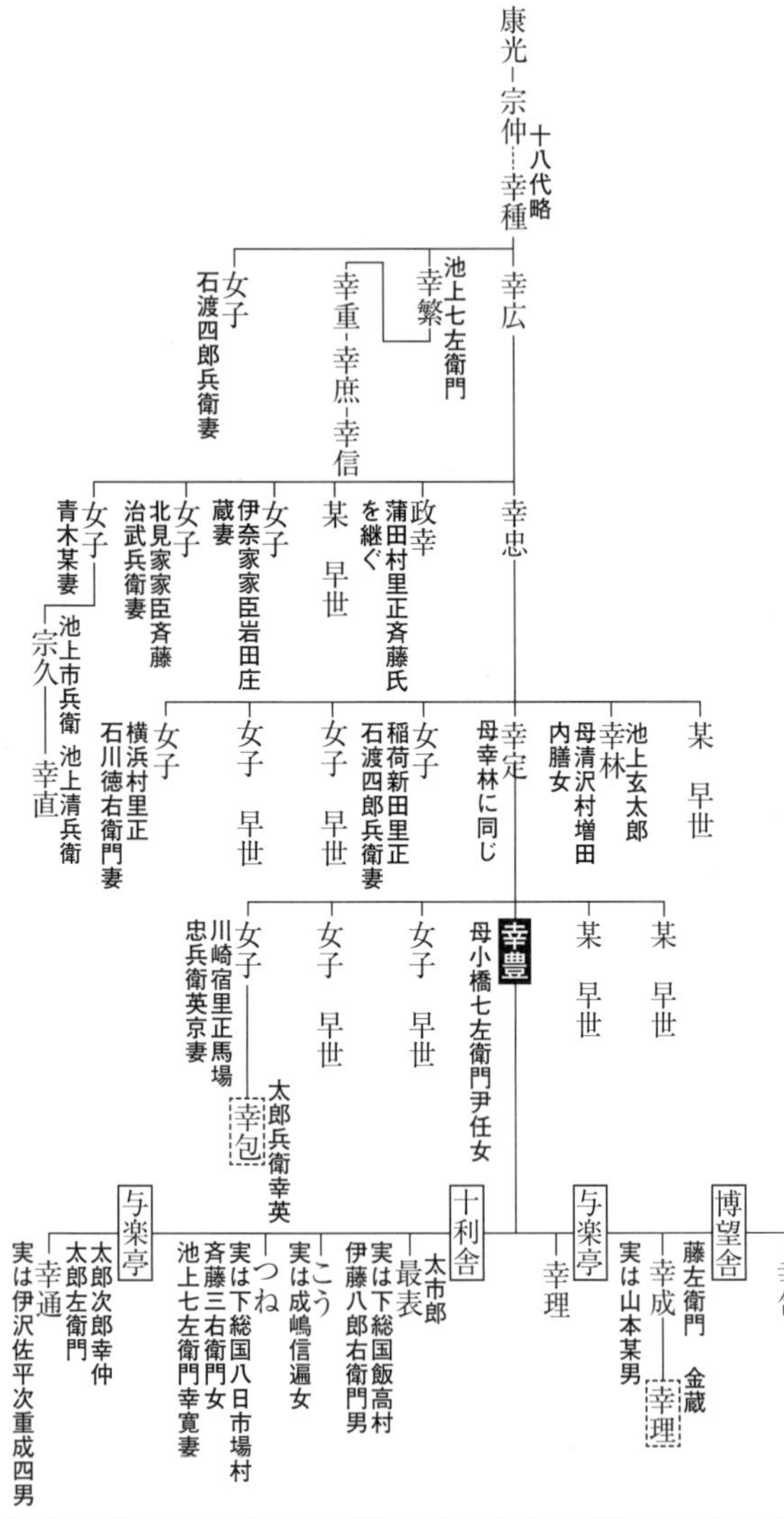

か、幸廣は慶安三年（一六五〇）正月に病死した。

幸廣の子ども池上太郎左衛門幸忠（幸為）は、幼年の時から連歌を好み、「百人一首さねかつら抄」という書物を作成し冷泉家の蔵に納めている。しばらくの間、冷泉家文庫のなかに所蔵されており、幸豊の代の宝暦二年（一七五二）、冷泉為村の御詠歌を添えて戻されている。また幸廣は「墾田の書」を書いたといわれ、宝永二年（一七〇五）十一月に亡くなっている。

池上幸忠の三男である池上幸定は延宝二年（一六七四）に生まれ、大師河原村の治世に務めた人物として知られる。川崎領海辺村々羽田猟師町との間で争論があったが、それを決着したことでも知られる。「墾田之条々」一巻を書き遺したとされる。これが次章で紹介する「新田開発条々」である。この史料に掲載されてあるのが「国益」という用語が記載される初見である。享保十四年（一七二九）七月に五六歳で亡くなる。この時、池上幸豊は一二歳だった。

以上、簡単に紹介してきたが、ここでは近代になって作成された「池上家由緒書」を基本としながら、宝暦六年（一七五六）に池上本門寺に提出した池上家の「由緒」や幕末に作成したと考えられる「池上家由緒の条々」なども含めて紹介したものである。内容として、池上家の始祖を藤原忠平の三男に求めている点や、池上村から大師河原村へ転居した時期が元和年間であること、さらに太郎右衛門を名乗る時期が寛永期とのことだが、これらについては、もう少し事実関係の確認が必要だろう。ただ、それでも、池上家の由緒は古く、①鎌倉時代、御家人として活躍したこと、②池上本門寺との深い関わりがあったこと、③戦国期から近世にかけての兵農分離の過程のなかで、池上村から大師河原村に転居し、太郎右衛門となったこと、④大師河原村への転居時（元和期頃）には、すでに海中新田開発の技術を得ていたこと（ある意味、この海中新田開発の技術を修得していたことが転居する転機になったのかもしれない）、⑤幸豊の代になる前にすでに冷泉家との付き合いがあったということ、などの諸点が明らかになるだろう。

二　池上幸豊の事蹟について

池上幸豊は太郎左衛門として、大師河原村の名主として知られる。まず最初に、池上幸豊の事績について、簡単に表1を参照しながら、紹介しておくことにしたい。なお、池上幸豊の年譜については、すでに川崎市市民ミュージアムが編纂した『池上家文書四』（川崎市市民ミュージアム、二〇〇〇年）や『池上太郎左衛門幸豊』（同、二〇〇〇年）において詳細に紹介されてあるので、そちらを参照することとし、本書では概括的な紹介にとどめたい。

次頁に池上幸豊の略年譜を紹介しているが、同表を参照しても二八歳以降になると、新田開発事

表１　池上幸豊略年譜

	年	年齢	事　項
享保３年	1718		池上幸豊誕生。
享保14年	1729	12	大師河原村名主に任じられる。
元文２年	1737	20	この年、成島道筑に師事し、経世・和漢書を学ぶ。
延享２年	1745	28	大師河原村地先の海辺寄洲の埋め立て開発を出願。
延享３年	1746	29	成島道筑の仲介により冷泉為村に入門する。
			大師河原村、大嶋村地先海辺寄洲100町歩埋め立て開発を出願。
延享４年	1747	30	成島道筑の末娘こうを養女とする。
宝暦２年	1752	35	冷泉家より祖父幸忠書の『さねかづら』一帖を贈られる。
宝暦６年	1756	39	冷泉家へ『さねかづら』の新写本一帖を冷泉家に献上する。
			池上本門寺へ先祖由緒書を提出する。
宝暦９年	1759	42	新田完成する。総反別１４町５反歩余。
宝暦11年	1761	44	田村藍水、甘蔗砂糖の育成に推薦される。
宝暦12年	1762	45	開発地の検地が行われ、池上新田と命名される。
明和３年	1766	49	田沼意次の上屋敷の書院御庭で砂糖を製造する。
安永３年	1774	57	関東での和製砂糖の廻村伝法が許可される。
安永４年	1775	58	砂糖座の運用構想を提出する。
天明６年	1786	69	畿内、東海道、中山道を中心とした和製砂糖の廻村伝法が行われる。
天明８年	1788	71	相模、駿河での和製砂糖の廻村伝法が行われる。
寛政９年	1797	80	氷砂糖の製造に成功する。
寛政10年	1798	81	池上幸豊死去。

業（とくに二八歳の延享二年〔一七四五〕以降）と甘蔗砂糖の国産化事業（とくに四四歳の宝暦十一年以降）に邁進している様子がわかるだろう。この二つの事業については、それぞれ第三章と第四章で詳細に紹介するので、本章では池上幸豊の別の側面について三つ紹介しておくことにしたい。

まず一つは一二歳の時に名主に就任している。これは父幸定が享保十四年に死去したことにより、幸豊が名主に就任することになった。この時の様子について「池上家由緒之条々」を参照すると、太郎左衛門（幸豊）自身は幼年であることを理由に名主への就任を断ろうとしたのだが、村中の百姓たちが亡父（幸定）を慕っていたことから、引き続き太郎左衛門（幸豊）が就任するように村民から懇願されたことで名主に就任したという。そして、二〇歳の時に成島道筑に師事することになり、二九歳の時に成島道筑の推挙によって、冷泉為村のもとに入門している。もちろん、門人であったとしても冷泉家から直接に指導を受ける立場ではなく、成島道筑や磯野政武などといった江戸の幕臣門人を介した指導であった。ただ、池上幸豊にとって、若い時にこの二人と関係をもつことができたことは、単に学問や和歌のサークルとは異なるレベルで重要な意味をもつことを意味していた。この二人との関係は次節で紹介するが、ここで指摘しておきたいのは、成島道筑も冷泉家も、決して幸豊の代ではじめて関係をもったわけではないということである。すなわち、冷泉家との関係は幸豊の祖父に当たる幸忠の代にすでに、「百人一首さねかづら抄」を冷泉家に献上している。そして、成島道筑との関係についても新田開発の技術は先祖代々の技術を引き継いだものであり、国益という言葉については、幸豊の父幸定の代で使われている表現である。父幸定も成島道筑と何らかの関係があったとみてよいだろう。その意味では、池上幸豊は様々な事業に取り組んだマルチの才能をもった人物として評価されるが、私のなかで評価したいのは多くの障壁がありながらも、何ごとにも積極的に取り組み具体化していく実践家であるということである。こうした点は武士（役人）でも、商人でも、学者でも不可能であり、池上幸豊という人物だからこそ成し得ることができた。もちろん、新田開発事業にしても、砂糖国産化事業にしても、人的関係にしても、そして池上幸豊の精神的支柱として存在する国益思想にしても、池上幸豊自身の個人的資質のみによって成し遂げられた（得られた）わけではない。つまり、池上家の伝統を引き継ぎ、継承するなかで、培われた様々な要素があり、それが池上幸豊の時に開花したといえるのである。これは、父幸定が記した家訓「新田開発条々」の「只先祖を大切と思ハヽ、子孫大切末繁昌を唱ふへし（先祖を大切に思うようにし、子孫を大切に将来の繁栄を唱えるようにしなさい）」という教えを忠実に守ったことによる恵みであったといえるだろう。

そして最後は村政についてである。池上幸豊は一二歳の時に名主役に就任しているが、村政そのものについても尽力したといわれる。たとえば、宝暦十年三月に大師河原村の惣百姓が伊奈半左衛門役所に提出した訴願を参照すると、寛保二年に玉川が氾濫した際、小百姓が飢餓に苦しんだ。この時、池上幸豊は江戸から大麦を調達し急場を乗り越えている。また、村民のなかで病死した者がいた時、ほとんどの質物が質流れしてしまったのだが、これを幸豊が請け返し、質物を取り戻し、相続ができるようにしている。さらに百姓として困窮し借金した家に対しても幸豊が肩代わりをして支払いをしている。そして年貢上納についても、日取りまでに負担できない村民が居た場合でも幸豊が他から調達し補完することで、年貢の未進や不納はなかったという。もちろん、こうした借金について、幸豊は村民から利子などをとろうとすることはなかった。新田開発事業においても困窮の小百姓たちに普請人足としての賃銭を支払うためであり、しかも開発地を彼らに割り当てることを期待したものであった。このように、幸豊は名主として村民が成り立つように気配りを欠かさなかったのである。こうしたこともあり、明和五年に池上幸豊は生涯にわたる苗字・帯刀の許可を得ている。この時の申し渡し書を参照すると、「その方は、いつも百姓への撫育を心がけ、経営利潤を油断なく取り計らい、その上村々の海辺の新田の開発にも理解を示し、将来への益になるように心掛けた」と述べられている。

三　池上幸豊の師匠、成島道筑

次に池上幸豊の師匠として重要な人物である成島道筑を紹介する。成島道筑は信遍《のぶみち》ともいい、表坊主、奥坊主を務め、将軍徳川吉宗に書物を講義するとともに、近習として仕えた。紅葉山文庫の自由な閲覧が許され、吉宗の推進した古式復興（曲水宴、流鏑馬、犬追物、法華八講など）について和漢の学識で貢献したといわれる。朝鮮通信使が来聘した際には、旅館で筆談したり詩文を贈答した。宝暦十年（一七六〇）に没している。成島道筑には五名の娘がいたが、末娘こうは延享四年（一七四七）八月に池上家の養女になっている（『寛政譜重修諸家譜』）。よって、こうは池上幸豊の義理の娘ということになる。また、道筑は「大師河原の記」を執筆するなど、道筑と川崎領との結びつきは深い。次章で紹介するが、幸豊は道筑から新田開発事業に対する考え方（新田開発思想）などを学ぶことになる。道筑自身の史料からは「国益」という表現を見出すことはできないものの、その基本的な思想は道筑から学んだといえるだろう。また、享保七年（一七二二）に川崎宿名主の田中休愚が著した『民間省要』を徳川吉宗に仲介したのも道筑である。池上家と田中休愚との付き合いもあったのかもしれないが、その点は史料からはわからない。

池上幸豊が成島道筑から和漢の書を学ぶのは元文二年（一七三七）二〇歳のことであった。父幸定が記した「新田開発条々」にも「器量もないのに事を成すのは大きな誤りである。器量ある人に頼り教えを受けるべし」と書かれてあり、この教えに忠実に従ったのだろう。ちなみに、同史料には「愚鈍な人は自分のことを愚だと思わない。自分自身の心に智恵があるとは思わず、自分の事を愚であると思い、善人を頼って教えを受けるように。」ということが記され、自分自身を愚であることを知る大切さが記してある。この愚についての理解が、田中休愚の愚と同意を示しているかはわからないが興味深いところである。

また、成島道筑は冷泉家のもとに入門し、江戸冷泉門の門下生のなかで中心的な役割を果たしていた。徳川吉宗は上方文化の摂取と関東の地での継承を意図し、冷泉為綱のもとに入門することを道筑に命じている。これを受け、道筑は享保五年（一七二〇）に田沼主殿意行《もとゆき》や巨勢大和守利啓、磯野丹波守政武などの近臣とともに冷泉為綱のもとに入門する。徳川吉宗と和歌との関係について、吉宗自身は入門しなかったが「和歌の道にも配慮しており、冷泉大納言為久卿にしばしば問い合わせている。これは東照宮（家康）が、和歌のことを為久卿の先祖権大納言冷泉為満卿に問い合わせた先例に基づくものである」（『御実記附録巻十六』〔『徳川実紀　第九篇』吉川弘文館、一九三四年〕）と、家康の先例に基づくものであり、和歌について徳川吉宗は冷泉派を推奨したのである。

その後、成島道筑は元文五年（一七四〇）三月には冷泉為久と葉室頼胤《はむろよりたね》が隅田川を遊覧した時に同船している。こうしたこともあり道筑は江戸冷泉門には、門下生に幕臣や諸侯など有力な武家がいる武家歌壇のなかで、中心的な位置を占めている（信筑が死去したのちは磯野政武が担うようになる）。

池上幸豊もまた延享三年（一七四六）四月十九日、成島道筑の紹介により、冷泉家のもとへ入門している。そして、同月二十日に川崎宿で冷泉為村との御目見を果たしている。その後、幸豊が作成した和歌に対し、冷泉為村、為泰により批点（点削）や、判詞（判者＝冷泉家から歌や句の優劣、可否を判定する）を受けている。また、江戸での冷泉派門下の一員として行動し、冷泉家へ直接書簡を送る（実際は冷泉家雑掌との交渉が主）こともあったのである。

また、祖父幸為の「百人一首さねかづら抄」が冷泉家の蔵書だったことから、幸豊のもとに問い合わせが来ている。その後、冷泉家から池上家のもとへ戻されると（宝暦二年）、成島道筑に「百人一首さねかづら抄」の由緒を記した「さねかづらにそへてさゝげ奉るの記」を製作してもらい（宝暦四年）、さらに同書の新写本を作成して改めて『さねかづら』を献上している（宝暦六年）。このように幸豊は先祖の活躍や道筑の後押しもあり、和歌の冷泉家の門人となり、京都文芸の一端に接していた（久保田啓一「川崎池上家『京進書札留』抜書―冷泉門人池上幸豊の四十年―」〈『近世文芸』五六号、一九九二年〉、久保田啓一「江戸冷泉門と成島信遍」〈『近世文芸』四四号、一九八六年〉）。

本書の目的は池上幸豊が和歌に優れていたことを明らかにするものではない。また、筆者の力量としても詳しく紹介することは難しい。そうしたなか、幸豊にとって、江戸冷泉門の門人となったことについて、重要な意味を二つ指摘しておこう。

一つは、江戸冷泉門の門下生との交流である。具体的にどれだけ交流があったかは不明だが、成島道筑はもちろんのこと、甘蔗砂糖の国産化事業において、田沼意次や磯野政武からの支援は少なからずあったことが確認される。冷泉家の門人という関係を通じて武士、町人を巻き込んだネットワークを形成しており、幸豊もその一員として重要な役割を担っている。この点は、幸豊自身の人的交流の幅を広げる意味で重要な意味があったといえるだろう。

もう一つは、国学への志向性である。池上幸豊の師匠の成島道筑は、古代に対し必要以上の幻想を抱かず、万葉調を否定していたとされる。この点、久保田啓一氏は「(成島道筑は)殊更《ことさら》に古めかして心詞を作り出し、詞を飾り心を巧にすることばかりに汲々とするのは『誠』に悖《もと》る行為であると論ずる」と述べている(久保田啓一「江戸冷泉門と成島信遍」〔『近世文芸』四四号、一九八六年〕)。ある意味、道筑は幕臣である以上、和歌に傾倒することには問題があると感じていたのだろう。また、和歌だけでなく漢詩にも通じていたことから必要以上に和歌に傾倒することはせず、バランスのとれた理解をしていたのかもしれない。この点、池上幸豊自身は幕臣でもなく、こうした考えから自由であった。むしろ、賀茂真淵や本居宣長、そしてその門下による万葉調和歌の提唱をも意識した可能性があるともいわれる。このように、和歌のはじまりが古事記、日本書紀に求められることから、国学への指向性が少なからずあったに違いない。少なくとも教養として国学についても理解していたことになる。これが、国家を意識し、国益を意識する基礎になったと考えられるのである。

第三章　海中新田開発事業のとりくみ

一　池上家の新田開発思想

池上家にとって新田開発事業は重要な事業の一つであった。池上幸種の時（?―一六〇八年）に大師河原村を自費で開墾した。それに成功すると、その子幸廣が元和期に池上村から大師河原村へと移住する。幸廣も、稲荷新田の開墾を行った。こうした河川下流の土砂の堆積を利用した新田開発は家伝としても伝えられる重要な事業であったのである。

享保十四年（一七二九）に幸豊の父幸定によって新田開発に対する心得が述べられている。これが「新田開発条々」である。この史料に掲載されている「国益」という文言が筆者がみた「国益」文言の初見となる。池上家の由緒書にも「新田開発条々」のことが書かれており、家伝の心得として新田開発が重要な位置を占めていることがわかるだろう。そして、池上幸豊の海中新田開発事業の思想を考える上でも重要である。

こうしたことから、まず最初にこの「新田開発条々」について紹介する。この「新田開発条々」とは、稲荷新田の開墾を行った幸廣（幸定の祖父）が五か条で記したものに追記して幸定が経験を踏まえた解説を加筆したものである。この五か条に加え、さらに享保十三年と十四年に加筆されている。享保十三年には、神仏を敬うことや、海中新田開発の重要性を三か条で示し、さらに翌年四月に新田開発と共に経済の重要性など七か条が書かれてある。

この加筆分には池上幸定の新田開発事業に対する思い（意義）が書き連ねてある。池上幸定は「新田開発は国を広くする功徳があるとし、その人だけのためではない。ただし、一歩、一畝であったとしても、万世の利益である」と述べている。そして、この時「（新田開発は）国益であるので、専ら自己で利を得ようなどという小さな度量では成就しない」とも述べている。この場合の国益とは、新田開発によって国土を拡大することを指している。

とくに注意すべき視点は、たとえ「百姓に対し新田開発を推奨したとしても（事業が大変なため）受け付けないことが多い。こういう場合、田畑が自身のものになるようにし、子孫のためになることを地元の長を通じて説明して安堵（安心）させることが肝要だ」とか、「新田開発の事業は姑息（一時の間に合わせ）なことではできない。永代（長い世、将来）を展望するというものとして考えなければならない」と、述べている。

このように国土開発の重要性を説くと共に、年貢だけを納め、役を負担しさえすればよいという思想を超えることで、発展が見出せる社会を目指したのである。

さらに、興味深い点は「日本国も元々海より生まれたということだ。神代の始め、（イザナギ、イザナミによる）天の瓊矛《ぬほこ》（天の逆鉾）により大海原を得て、矛のしたたる潮が固まって一の島となった。これがおのごろ島（淡路島）であると神代の巻の講釈で学んだ」と、日本（国土）登場の起源を古事記・日本書紀の国産み神話に求めている点である。つまり、池上幸定にとって国土開発は徳川将軍家を頂点とした封建領主というよりは、国産み（神代）に淵源を求めているということになる。この点は、池上幸定が国の成り立ちを何に求めているかを考える上で注目できるだろう。

さらに、池上家が代々推進した海中新田開発（山野を開拓するのではなく、海を埋め立てる新田開発の方法）について積極的な意味を説いている。すなわち、「山方の開発も種々あるが、おおよそは秣場や共有地の場合が多く新開地は少ない。それに対して海中新田開発は、国土田畑を産み出すことである。国土を拡げるという意味で大変な功徳（来世に幸福をもたらすもとになる善行）である。海から田畑を産み出し、田畑は国の宝である。一坪であったとしても大切に開拓し、一坪で人間一日の食を作ることになる。」と、海中新田開発を推進することは、食物を生産する国土を開発する意味で重要な意味があると指摘する。もう一つ重要なのは、「功徳」や「永代」などという用語が使われ、当該時期だけを平穏に生きるだけでなく、将来を展望する必要性を説いている。一時的な発展を考えるのではなく、将来を見通した社会を考えているといえるだろう。そして、国土を拡大することこそが「国益」であると表現したのである。

もう一つ、注目したいのは文末に幸定自身の経済への考えを述べている点である。参照すると、「今どき、経済の志があるものを山師（投機師・詐欺師）と述べるのは大きな誤りである。また、世のため、人のために何をなすべきかを考えずに安楽を好み、衣食のみにふけるのは国賊というべきである。そうはいっても、器量がないまま事をなすのは大きな誤りである。器量が無い人は器量のある人を頼り、教えを受けなければならない。また、愚鈍な人は自身のことを愚鈍だとは自覚しないものだ。自分の心に智恵があるとは思わず（謙虚となり）、自分は愚であると思い、善人を頼って教えを受けなければならない。善人とは、善行をほどこして分相応に人に恵みをほどこす人のことである。」と、経済の考えと、あるべき人の姿について述べている。

つまり、池上幸定は経済や金儲け自体を必ずしも批判しているわけではない。むしろ安定を望み安穏と生活する人は国賊であると批判している。そして、善人とはある程度の利益（人に恵み）をもたらす人であると提起している。

さらに「経済の道というのは、聖人や神仏の教えと同じである。山師と同じ様にとらえるのは間違いである。倹約と吝嗇（りんしょく＝けち）というのも同様に似て非なものである。そして、自身の経済に志があるものは、自然と安楽であり子孫も繁栄する。それに対し、山師は最終的には飢え苦しみ子孫は断絶する。」と述べている。

山師について、藤田覚氏は『田沼時代』において（藤田覚『田沼時代』吉川弘文館、二〇一二年）、「田沼時代は『山師』の時代」と述べ、その存在を積極的に評価している。ただ、一般に山師は鉱山の採掘事業がきわめて射倖《しゃこう》的、場あたり的であるところから転じた、投機的な事業をして金儲けをたくらむ人のことを意味し、投機師や詐欺師を意味することが多い。よって、山師も経済の事を語っているものの、経世済民（世のなかを治め人民を治める）思想とは明らかに質を異にした存在であったと考える方が妥当であろう。池上幸定は、山師のような行動とは異なる経済の道を進むべきことを説いている。このように、家の永続が図られる道は経済活動を肯定し、能力ある人を頼り学ぶことで自身の能力を高めることが大切であると説いている。

このように池上幸定の発想は、年貢を納め、役を務めてさえいればよいというような従来の社会一般の思想（封建思想）とは性格を異にしており、国の発展や成長、そして家の発展を志向すべきであるという発想から生まれているのである。

二　成島道筑の墾田の思想

『池上家文書』に残されている史料で「墾田之古法」という史料がある。この史料は年代不詳だが「先生自書　墾田之古法（池上家の師匠である成島道筑自身が書いた「墾田之古法」）」であり、「国土ヲ広メ田地ヲ開キ米穀ヲ殖シ、万民ヲ養、日本永代富饒ニ仕、御代御長久之基ヲ立候術、教真伝授仕候覚書（国土を広め田地を開発し、米穀を増産し、万民を養い、長い期間日本を豊かにする。このような時代を永久に続く基礎を建てる方法を藤巻教真が伝授した覚書）」と記載されてある。よって、成島道筑が新田開発の思想（考え方）を藤巻教真から学び書き留めたものが「墾田之古法」である。藤巻教真は元文二年（一七三七）に亡くなっており、また史料本文の内容に享保飢饉（享保十八～十九年）のことが書かれてあることを考えると、池上幸豊が成島道筑を師事した元文二年頃に、この「墾田之古法」を貰い受けたと考えられる。いずれにせよ、この「墾田之古法」では幸豊の師匠である道筑が新田開発事業にどのような考えをもっていたのかが明らかとなる。この点について、紹介していくことにしよう。

新田開発を行う考えとして、まず最初に注目できるのが「古より聖人ヲ不生、専ラ唐土之法、天竺之教計ヲ守、風俗ニ遊ひ、自然ニ水土之考疎略ニ御座候上ニ小利ニ馳セ大利ヲ興シ候人無御座、依之食貨ハ繁昌ニ応して不足仕候、泰平如此打続候上ニハ、不慮の事も御座候て荒凶ニ逢候ハヽ百万ノ人命相続難計候歟（古くから聖人を生もうとせず、もっぱら宗教（仏教）や儒教などの道徳ばかりを重んじ、自然の水や土の原理（科学）に対し無関心であった。しかも、小さな利益のみで、大きな利益を求めようとしていない。よって、食料や貨幣（食貨＝経済）は経済規模が大きくなるに従い、不足してしまう。これに飢饉など不慮なことがあれば、百万もの人々が難渋するのではないか）」と、現在の状況を憂い、このような事態を打破するためには、「日本相応ノ法相考……万代不易御代御相続ノ事申立候」と、日本独自（日本に見合った）の方法を考え、未来永劫続くような方法こそが新田開発であると述べている。また、同じことだが、新田開発は、万民安堵の方法の一つであり、天下の為になるとしている。そして、新田開発は国内を豊かにする方法であるから、「自然ニ国土広リ、食貨殖シ申候様ニ有御座度奉存候（自然と国土を拡げ、食物や貨幣（経済）を拡大させるようにしたいと考えている）」と、述べている。

ここで注目できるのは、単に儒教の道徳や仏教の信仰に忠実なだけではいけないということである。もっといえば、従来の通り五穀を耕し、年貢を納めていさえすればよいとして、水や土と対話することがない場合、経済は成長すると平時はよいが、凶荒の時には百万もの命を奪うことになると述べている。つまり、水と土との対話を行い、それに適合した作物（商品作物）を植えることを奨励したのである。

もう一つ、墾田の開発者が開墾地の一〇分の一を取り分ける（自分の土地にする）ことは「物理自然の法」であると述べている。支配者（君）は自身で開墾することをせず、民が開墾した土地をもって支配者は民を養うのだから開発地の一〇分の一を取り分けるのが適当であると述べている。また、利息のことを十一と呼び、十のうち一を利息としてとることは一般的である。このように、一〇分の一を自分のものとして得るということが新たに人の利益を得る根本だと述べている。そして、こうした新開地に対する考え方は、一郷一村のためではなく、天下富民になるための考え方である。つまり、こうした小さな利益や利息であったとしても、蓄えることをしなければ、将来大きな利益を起こし、万民を助け天下のためになる人にはなれないということである。このように成島道筑は、開墾地の一〇分の一を開墾者の見捨地として与えることが重要であると述べている。ちなみに、これらは道筑が藤巻教真の教えを書き留めたものであるが、こうした考えは古くからあったもので、道筑自身のオリジナルな考えではない。むしろ一般的な考え方と理解したほうがよいとも述べている。

このように国土を拡大することが食貨＝経済の規模を拡大させることになると述べ、また五穀だけでなく地質に適した商品作物を奨励することが大事であり、まさにこうしたことが国益であると主張したのである。そして、国土開発を積極的に推奨するインセンティブを与えるためにも一〇分の一の土地を分け与えることが有益としたのである。以上のように、父幸定からと師匠の成島道筑からの国土開発についての教えのもと、池上幸豊は、新田開発事業を推進することになるが、次に新田開発事業がどのように展開したか、具体的に紹介することにしよう。

三　新田開発の訴願

延享三年（一七四六）八月、池上幸豊は海中新田開発の許可を伊奈半左衛門役所と、川崎平右衛門役所の二か所に願い出た。この時、川崎平右衛門は直々に対応している。

この時の開発対象地は大師河原村（七〇町歩）、大島村（三一町歩）の萱野や流作場の合計約一〇〇町歩で、それを母地とし、さらに海面八〇〇町歩を開発する計画であった。この新田開発を推進することで村中大小の百姓の御救いになると述べている。

それでは、どのような方法で海中新田開発を実現したのだろうか。池上新田の開発発起当初の計画を例にいくつかの開発訴願に関する文書から明らかにしてみよう。

海中新田開発は、二つの段階で行われる。まず、第一の段階では地先に開発基地としての母地を開発し、次の段階で母地を基点とした本格的な海中新田開発を行うものであった。まず第一の段階の母地の開発だが、対象地は多摩川と鶴見川を挟む二里にわたる海岸線であった。大嶋村の地先である萱場・砂場・流作場の合計三一町歩と大師河原村の地先の出洲地七〇町歩余りの合計一〇〇町歩余りを対象地としている。そして、これらの地には防波堤を普請し、水を堰きとめることで母地を造成する。そして、この地を一〇年間借用し、母地とすることで本格的な新田開発（海中新田開発）を行うのである。

この母地が造成されると、本格的な海中新田開発となる。これが第二の段階である。まず、海面の遠浅の場所に寄せ洲ができるようになり、洪水などの際に川が土砂を押し出すようになる。また風波の際などに海中の砂が寄せ集まるようになり、瘤《こぶ》のように各所に干上がり地ができ洲ができるようになる。こうした寄洲に芝や萱の根を植えることで土地を固めるようにし、さらにごみや、砂などが溜まり、地面も高くなり地盤を固め、その上に潮除け堤を築くようにして、新開地を開墾したのである。

この計画は大師河原村と大嶋村の母地候補地の約一〇〇町歩を池上幸豊が一〇年間借り受け海中

新田開発を実施するものであった。新田開発に際し、幸豊は「御入用之儀ハ不及申御拝借も不仕、自分之入用を以右普請成就仕（費用についてはもちろん借用することはせずに、自分が出資することで普請を成就するようにする）」と、普請に対する諸費用の負担ばかりでなく、母地として預け地となる大嶋村の萱野年貢なども幸豊が引き受けることを述べている。また、漁撈や海面の稼ぎには一切影響を与えないとし、漁場環境も変わらないことを約束している。このように幸豊の海中新田開発は公儀の拝借金などによる普請費用を期待せず、民間の出資で解決しようとしたのである。

この訴願でも、海中新田開発の成功の根拠として、祖先（幸種）は大師河原村の開発主であり、さらに太郎右衛門（幸廣）が稲荷新田を開発し、父である幸定からも開発の話を詳細に聞いており、自身も普請に改良を加えているとし、先祖代々の実績を主張している。

ただ、そうしたなか、一つだけ条件があった。それは「出来方惣町歩之内ニ而十分一被下置候様ニ奉願候」と、完成した新田面積のうち一割を下付することを願い出ている。この考えは、すでに紹介した通り、師匠である成島道筑が「物理自然の法」として記載してあるもので、決して池上幸豊の思い付きではなく、師匠からの教えを引き継いだものといえるだろう。

この開発地の一〇分の一を下され地（見捨地、検地の対象とせず幸豊自身の土地とすること）にする点は、新田開発の基本として強く主張している。幸豊が主張するには、「一〇〇町歩開発したとして、九〇町歩開発したと考えれば、九〇町歩の利益になる。それを一〇〇町歩全てを開発したことにし、利益を得たとすれば、荒廃する所が出て実際のところ半分の利益にもならない。そして、荒地などが出た場合は見捨地を削減すれば、できるだけ耕地を減らさないだろう」と、見通しを述べている。このように開発地の一割（一〇分の一）を開発者の見捨地とすることは有益であることを主張している。

さて、池上幸豊が海中新田開発の訴願を提出すると、一週間もたたずに川崎平右衛門が直接廻村のために訪ねてきた。その廻村途中で、幸豊に対し、「一〇年という開発期間は長いので、少しずつ開発を願い出たほうがよい」と述べている。このように、すぐに許可は得られていない。開発許可が得られたのは宝暦三年（一七五三）のことであった。この間、幕府の立場としては、開発対象の規模が広すぎるため、事業に懸念を示している。

開発の認可が下りるまで数度にわたって実地検分が行われ開発範囲の縮小が要請されている。たとえば、延享五年（一七四八）には鶴見川河口より潮田、下新田、小田、菅沢、渡田村の海面地にかけて出洲はみられるものの、海の波当たりが強いため、干上がり地としては十分でないことを理由に、開発予定面積を八〇〇町歩から七〇〇町歩に縮小している

さらに寛延四年（一七五一）の訴願によると、幸豊自身が大病となり、名主役を退役したことを

理由に、開発対象地を一〇〇町歩（うち四〇町歩は村の地先）に縮小して訴願している。

このように開発許可が遅れた理由は、開発普請の具体性という面から現実的でないとし幕府から許可が下りなかったということもあるが、もう一つの理由があった。それは、周辺村々から合意を得るのに手間取ったということである。開発事業を行う際、周辺の村々の合意がないと開発は許可されない。この新田開発では、幸豊自身が名主を務めている大師河原村からは早々に支障なしという回答を得たものの、同様に母地予定地として一〇年間もの間、地所の貸与を願い出ていた大島村からは懸念が表明されていた。この懸念とは、表面的には万一、新田開発がうまくいかなかった場合、どのようにすべきかということを述べているが、根はもっと深く、幸豊の言葉を借りれば、「そもそも、百姓は損益に関わらず村の地所を他所の人に貸すことを嫌がるものである」という、「百姓の習い」により大嶋村は開発地として貸与することに難色を示している。

この難しい局面に対し、幸豊は①大嶋村の地先は母地として適地であるため、この地所を借りることなくして海中新田開発はうまくいかないということ。②海面が続くことから、大嶋村が開発の対象地から除外されると、内外から波浪を受け、他所の普請を堅固にしても、結局失敗すること、たの二点を指摘し、貸与期間の一〇年を経過すれば、田地として返却することを強調すると共に、たとえ普請が失敗したとしても、弁済金を支払うとの回答をしている。幸豊自身が直接大嶋村に対応しても、「村付之地所他へ相渡し候儀は難渋仕候習い」と、大嶋村の地所を他所に譲渡することは難しいとの回答を示している。また、領主側としても、大嶋村の地先は萱畑とか砂場であったとしても、「一応、御検地御改も相済申候場所」と、検地が実施されていることから、幸豊への貸与は、領主の一存では認める訳にはいかなかった。これに対し、幸豊は地代金の支払いを自分がすることや、あるいは、当該地を御用地として召し上げるようにし、幸豊に貸し付けるようにするなどの提案をしている。

このように海中新田開発を行うに当たって、周辺の村々の同意を必要としたが、その際に「村の土地は村のもの」という「百姓の習い」の意識が強く、池上幸豊の地先への貸与に懸念が表明されたのである。こうした土地所持権の問題は、決して利益の有

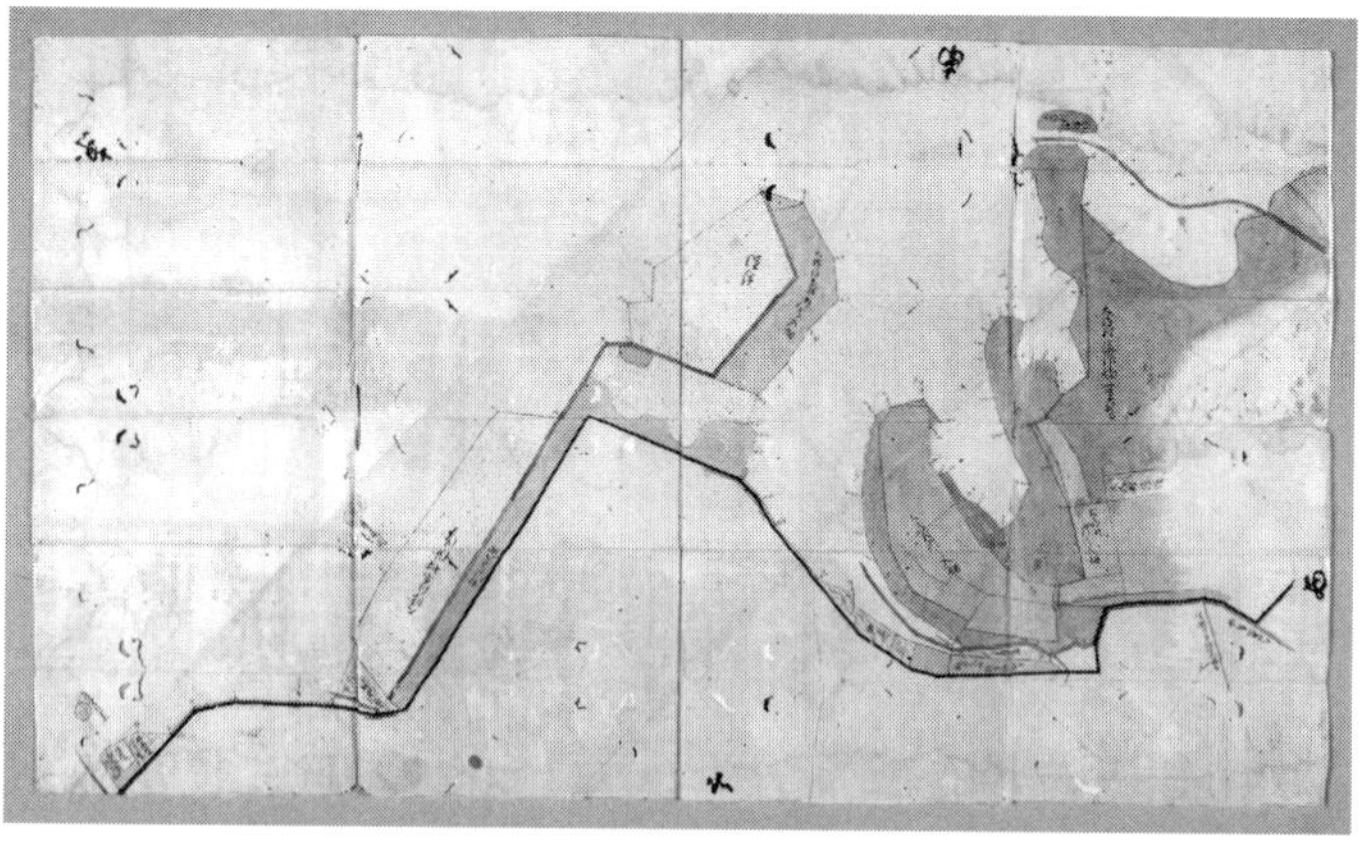

図３　池上新田開発申立絵図（川崎市市民ミュージアム所蔵）

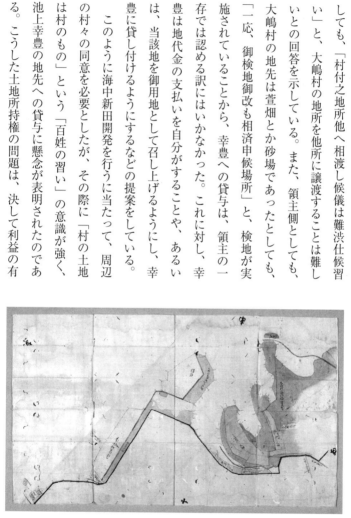

無の問題ではなかったのである。

結局、寛延四年（一七五一）になると、金乗院（川中嶋村）と明長寺（大師河原村）の両寺が仲介することで、開発人である池上幸豊と対象地としての三か村（大師河原村、稲荷新田、大嶋村）との間で内済が行われている。

内済の内容は母地として予定した五反歩のうち、二反五歩は三か村請け負いで開発することとし、残り半分は幸豊が一〇年間借用し開発するというものであった。これに対し、大嶋村も①母地の貸与について、海面地であり「名目借」ということで支障がないこと、②開発地については、村方での希望者へは地所割とすることを確認することで理解を得ている。こうして村々の合意を得た上で、改めて池上幸豊は宝暦二年五月に開発予定地を当面四〇町歩として伊奈半左衛門に訴願を提出したのである。

かくして、宝暦二年十一月、一五町を対象とし海中新田開発の許可が下りることになった。

幸豊としては、一〇年もの間開発時期を引き延ばしてしまったので、まずは開発の許可を願い出て、ようやく認められることを目指したのである。史料中にも「為御試」と書かれてある通り、試験的な新田開発だったといえるだろう。

そして、実際に許可を受けた宝暦三年十一月に、先に示した五反歩の母地を基礎としつつ、大嶋村、大師河原村、川中嶋村、稲荷新田の四か村の地先、海辺干上り地一四町五反歩余りを開発地としたのである。そして、開発より三年間に萱芝を植え、四年目より六年目までの三年間は反当たり永五文を納めることにしている。そして、この六年の間に地所を田畑か塩浜とし、七年目に検地を行い、土地相応の年貢を払うことにしたのである。

四　池上新田の成立

かくして、池上新田は宝暦十二年（一七六二）に検地が実施され、新田村として成立した。宝暦十年六月の届け出によれば、宝暦四年から九年までの六年間でかかった費用は七六七両余りであり、開発地は海に面し風波の影響を受けやすかった。検地の時期が予定より遅れたが、無事に海中新田開発が実現したのである。池上新田は二九四筆で構成され、太郎左衛門（池上幸豊）一人が土地所持者として検地帳に登録してある。九月十八日、池上幸豊は西文九郎役所へ召し出され、新田の名前を池上新田と呼称することが正式に決められた。そして、五反歩は太郎左衛門の見捨地（所持地ではなく、幸豊自身の土地とすること）になった。

また、池上新田の負担は高掛三役は引き受けるものの、風波により潮除け堤が破損することがしばしばあり、川崎宿の伝馬役や助郷役、他村への自普請人足などの助郷の免除、また、御鷹場御用や虫けら上納の免除が認められる。

池上幸豊は、明和二年（一七六五）に池上新田の概要を村鑑として届けているが（「池上新田諸用留二」〔『池上家文書二、九』〕）、それによると、面積は一四町二一歩で石高は二三石二斗六升四合と小さな村であった（明治初年の状態を示したとされる『旧高旧領取調帳』を参照すると、池上新田の石高は四四石二斗一合になっている）。実際住人も男性九名、女性四名で家数は五軒であった。また大師河原村の地先に当たり、海面のためしばしば囲堤が破損した。海面のために津波の影響を受けやすく、同年八月には、津波により囲堤が大破しただけでなく家なども流失する被害を受けている。こうしたことから、諸役が免除されていた。よって、負担は年貢米のみで、大師河原村に運びこみ、一緒に納めるようにしている。農間余業は、男女とも海辺に出て貝や小魚を採り、町場や江戸に出荷することもあったが、あくまでも漁師を生業とするようなことはなかった。

開発訴願当初より、池上幸豊は、一〇分の一を自身の所有地とすることを願い出ているが、却下されている。検地実施の時にも、大師河原村の惣百姓全員を対象に、

一　壱反歩　　たれ
内壱畝歩　　太郎左衛門所持

というように一〇分の一の土地を自身の所持地とする分付記載を願い出ている（「海中新田御検地に付き、水帳名受けに関して惣百姓連印」〔『池上家文書』六六〕）。こうすることで、新田地の一〇分の一を自身の所持地とし、個々人に分け与えられた所持地を、勝手に移動することができないようにしたのである。この時、年貢諸役は太郎左衛門（池上幸豊）が一手に負担するように願い出ている。しかし、結局このような分付記載の方法は認められることはなかった。

この一〇分の一を見捨地にする訴願は、却下の返事を受けても、再三訴願を提出している。幸豊のみならず、大師河原村の人々からの訴願でも、これまで使われていなかった海を、相当な費用をかけて開発して、村の百姓たちへ恒久的な土地として分割しようとしているのだから、太郎左衛門（池上幸豊）に対し見捨地を与えるよう願い出ている。（『池上家文書一』七三頁）

このような再三の訴願にもかかわらず、結局、開発地の一〇分の一を見捨地にすることは許されなかった。ただ、この処遇について、幕府は決して海中新田開発を否定したわけではない。見捨地を許可しないだけであって、池上幸豊の新田開発事業は評価していたのである。幸豊は、伊奈半左衛門の役所に呼び出された時、幸豊が訴願した開発地の一〇分の一を見捨地とすることは認めないものの、他の希望を問われている。また、一〇〇町につき一五〇〇両の拝借金を与えるので、その利金で開発資金に充てたらよいのではという提案がなされている。この時幸豊は訴願で主張した見捨地の件は、単に自分自身の開発地を主張したわけではなく、今後、新田開発を行う人たちが積極的に取り組むためのインセンティブとして願い出たものであると答えている。よって、この件について今後は訴願などをしないことを明言している。さらに、伊奈半左衛門役所から提案されていた拝借金の件も、得られた利金が幸豊のもとに入るとすれば、本来、百姓たちが利益を得るべきものを自分自身のもとに吸収することになる。そうなってしまうと、「百姓から恩に預かる」という形をとってしまい、将来的に、百姓がわがままとなり、村方の秩序も悪くなると述べている。今の状態は、自分（池上幸豊）が損失を出しながらも開発に従事し、百姓に対し利徳を与えているので、百姓も恩に浴し村方の治安もよい。ところが、自分自身が利益を得るようになればその金によって百姓たちの志が悪くなってしまうだろう。よって、拝借金の提案は断ると述べている。若し、万一褒美金を与えるようなことがあっても、褒美金は残らず惣百姓に分け与えるようにする、と答えている。（『池上家文書一』八三頁）

このように池上幸豊にとって開発事業の意図は私欲（自分の利益）でないことが重要であった。開発地の一〇分の一を見捨地にする訴願自体は幸豊が土地を得ることになり、自分自身の利益になる。しかし、この考えは必ずしも自分のことだけを考えたものではない。そこにはむしろ第一節「池上家の新田開発思想」で述べたように、国土の拡大が経済活動を喚起し、それがひいては国益の増大に結実してゆくものだという根本的な思想がその基底をなしていた。したがって、開発を積極的に促し、奨励することこそが重要なのである。一方で、新田開発事業が名主の私欲であると村中に理解されることは、百姓たちをわがままにし、村の秩序にも影響を及ぼすとしたのである。

ただ、最終的には、宝暦十一年四月（『池上家文書一』八七頁）、五反歩の「被下地」が認められている。この五反歩について「重キ願ニ付、難被仰付事ニ候得共（重大な願いであることから、それを認める訳にはいかないものの）」いつも百姓の相続に気を掛けており、飢饉の時も援助するなど、「奇特成に付」ということが理由であった。

このように見捨地として五反歩は認められたものの、池上幸豊が念願した一〇分の一を開発者自身の見捨地とすることは認められなかった。その後、小作金（年貢諸役の九割）を幸豊のもとに支払うようにし、幸豊が一割を足して、年貢諸役を務めるようにしたのである（『池上家文書一』六六頁）。

五　池上幸豊の新田開発事業の特色

池上幸豊の新田開発事業の一番の特色は、海中新田開発という点である。つまり、江戸時代中頃

（享保期）までの新田開発の対象地は、秣場や入会地（共有地）や泥湿地地帯が主であった。これではこれまでの飼肥料採取の場所が失われてしまうことになり、商品肥料を購入しなければならなくなる。それに対し、池上幸豊が開発の対象にしたのは海であった。海を埋め立てることで、新田として開発しようとしたのである。

ここにこそ先述したように、古代日本における国産み神話である、古事記・日本書紀にその淵源を求めた父、池上幸定の思想に端的に表れているように、代々池上家が推進してきた海中新田開発の画期的意義が見出される。すなわち、海から新たな田畑を産み出し、それによって国土そのものを拡げ、そこから獲得される食料が、当該の時期を超えて将来の発展を約束すべき国益を得るという発想は、従来までの荒地を開墾したり共有地を新田畑にするような開発概念を根本から覆している。

さらに、この時期、農村では次男三男などの余剰労働力が、雇用を求めて都市に移住することとなり、都市は膨張した。海中新田開発による耕地拡大は、当時の産業育成だけでなく余剰労働者を吸収するという意味もあったのである。この点、延享四年二月に、幸豊は川崎平右衛門役所に提出した海中新田開発の訴願によれば最終的には八〇〇町歩の新開地が完成するとし、「広大之御新田出来仕、乍恐　御国益ニ罷成、次ニ百姓御救ひニも相成候御儀ニ御座候間……」と、広大な新田が完成すること＝新田開発（国土拡大）の意義は（『池上家文書二』一二頁）、国益であることを第一としながら、次いで百姓の御救いであると明確にしている。幸豊は海中新田開発事業の第一義を国益に求めて活動していたのである。

また、こうした海中新田開発は、先にも紹介した通り、元和年中にすでに行われていた経験に基づいたものであった。すなわち、池上幸豊自身について「先祖之御申置、我等師伝の口授（先祖からの言い伝えや私たちの師匠の口授）」や「拙者先祖ハ大師河原村芝開之者ニ而、数代名主役相勤、海辺ニ住居仕候故、汐波除等之儀色々勘弁仕、世倅共へも申伝候……（私の先祖は大師河原村を開発しており、数代名主役を勤め、海辺に住居していたため、潮や波などのことについては色々知っており、子孫へも伝えられている）」と、海中新田開発の池上家代々で伝えられてきた技術でもあり、「海之心」がわかっている人物として自身を紹介している。

六　国土拡大の取り組み

池上新田の開発はわずか一四町歩余りであり、石高も二三石程度であった。ある意味、新田開発として考えた時、必ずしも広大とはいえない。ただ、その後も池上幸豊の新田開発の取り組みは続く。その意味では池上新田の開発は、訴願などに示された通り、あくまでも「為御試」であった。この実績をもとに新たな開発へと結びついたのである。

宝暦十二年（一七六二）、池上新田の検地が行われたことで、新田開発の実績が認められた。これにより池上幸豊は廻村を行い、翌年武州荏原郡糀谷村から久良岐郡戸部村まで海辺通り三二五町

表2　新田見立地

年	場　所	面　積
宝暦13年	武州多摩郡長沼村付	40 町歩
	武州多摩郡大丸村付	200 町歩
	武州多摩郡蓮光寺村付	160 町歩
	武州多摩郡坂浜村付	500 町歩
	武州多摩郡小野路村付	100 町歩
	武州多摩郡百村付	40 町歩
	武州多摩郡新光寺村付	40 町歩
	武州多摩郡野津田村付	40 町歩
	武州橘樹郡高石村付	100 町歩
	武州都筑郡金程村付	40 町歩
	武州都筑郡栗木村付	50 町歩
	武州都筑郡黒川村付	40 町歩
明和6年	武州久良岐郡横浜村下海岸寄洲	20 町歩
	武州久良岐郡六浦領金沢之入江寄洲	50 町歩
	相州鶴間之原地	1,500 町歩
	駿州駿東郡植野村付之原地	100 町歩
	駿州潟嶋之沼地	700 町歩
	駿州洲畑之大沼	100 町歩
	三州岩堀並吉田川都二箇所	1,000 町歩
	三州安祥原	1,000 町歩
	勢州長嶋海辺寄洲	700 町歩
	和州大野ヶ原	700 町歩
	江州湖水之水抜二而干上り地	5,000 町歩
	浜州加納原	700 町歩

面積は開墾地の面積のこと

歩を新開地の候補地として見立てている。この時、すでに村々の村役人や百姓たちと話し合いを行い、それぞれの村々が開発の請願を提出するに至っている。さらに、宝暦十四年には人足一名と馬一疋が与えられ、多摩郡、橘樹郡、都筑郡を廻村し、山野空地を対象とした新開地の候補地をあげている。また、宝暦十三年十二月には、江戸深川の富久町に住む尾張屋太忠次から、大坂の河口三か所の新田開発（新田とならない場所は建家を考える）への参加を誘われている（「大坂古川床新開弐ヶ所幷堀江新地開発壱ケ所都合三ケ所新開見立書付」『池上家文書五』）。さらに明和六年には全国を対象とした新田候補地をリストアップしている。表2が池上幸豊が掲げた新田開発の候補地である。これを参照すると、久良岐郡や六浦領をはじめ東海地方などの各地を候補にあげている。そんななか、興味深いのは琵琶湖を水抜きして干上がり地にすることまでもが指摘されている。このように、幸豊は新田候補地を相当大胆に探し出し、新田開発事業を進めようとしたのである。

そして、注目したいのは、開発地を見出したとしても、決して山師たちのように資金提供者を捜しだし自身で開発しようとしたわけではない。むしろ池上幸豊は新田開発の候補地の村役人などに開発の訴願を提出させるようにし、幸豊自身は開発技術を紹介することで対応している。つまり、幸豊は開発の担い手は開発地の地元であり、実際に耕作する人々であるべき（耕作者となるべき）

という考えに基づいているのである。

七　義田としての新田開発

明治初年に作成されたとされる『旧高旧領取調帳』を参照すると（木村礎校訂『旧高旧領取調帳関東編』〈近藤出版社、一九六九年〉）、池上新田とは別に「池上義村」という村高九九石一斗六升一合の村が存在する。元文六年（一七四一）頃、大師河原村の百姓たちに飢饉が続き、経済的に困窮した時、池上幸豊が百姓の金銭を借り入れ、返済分の利子の一部を天神講として積み立てた。その資金を新田開発に充てたのである。そして、開発地は惣百姓に割り当てた。幸豊の師匠である成島道筑にこの経緯を話題にしたところ、「その地所の名前をどのようにする」と聞かれたので「考えていなかったが、世話焼き地面とでもしようか」と答えたところ、「それはあまり宜しくない。義田と名付け、地主の名前は自分の名前にするようにしたらよい。また、余剰の雑穀があれば、それを倉に貯え義倉にしたらよい」といわれたのだという。これが寛延四年（一七五一）に開発された太郎左衛門新田であり池上義村のことと考えられる。

八　池上幸豊の新田開発思想

池上幸豊の新田開発思想は先祖からの新田開発の技術と理念（とくに「新田開発条々」による父幸定の考え）や、師匠である成島道筑の理念を引き継ぎ、そのなかで実際の海中新田開発や開発候補地の廻村を通じて培われたといえるだろう。宝暦十二年に新田開発に関する考えを述べている（「御新田開発の大意につき村々へ書付」）。それによれば、新田開発は「土地を広める術である」とし「御国益之第一」と、国益であることを第一義として述べている。

その上で、その理由を以下のように紹介している。少し長いが意訳して紹介しよう。

天下泰平はとてもよいことだが、その繁栄に従い次第に人口が増加する。それに応じて土地を開発し食物を増やすのであれば、万民への撫育（愛で養うこと）となる。しかし、人が増えても土地が増えなければ、自然と物資が不足し人情が悪くなる。次第に治安が悪くなり、無道なことも増えるようになってくる。ところが、新田開発は古田に悪影響を与えるという人が居る。それは一理ある。飼肥料を採取する共有地が新田開発の対象になるからだ。また、山師は新田開発を訴願する時、資金提供者を得ると共に、公儀に対し年貢を負うように述べるとともに、村方に対してもよいようなことしか述べず、開発自体を二の次にする。このため、たいがいは失敗する。そして出資者も損失を蒙ることになる。それに対し、山師は出資金を得ていることから一時的にお金を得ることができているということだ。また、山師は公儀に対し「御益」のみを主張して百姓への痛みを顧みようとしない。山師のやっていることは、大変な心得違いである。

また、江戸の町人や医者、出家などでも新田開発を希望するものがいるが、自身が作物を育成せず、他人に預けておくのは田畑を荒らすことになり、年貢上納にもならないと述べている。しかも、それらの開墾地を百姓に譲渡したとしても、すでに荒地なのでどうしようもない。萱野や芝地は、安価な地代で所持権を維持できるので、放置した状態となっていると述べている。こうした荒地となった地域は各地にある。たとえば、下総国葛飾郡の行徳付近では、三〇〇〇町歩の開発を命じられているが、結局、一〇〇町歩もできていない。また、武州荏原郡糀谷村の海辺三〇町歩のところや武州橘樹郡渡田村の下海辺二〇町歩余のところは、開発が全く成就していない。このように山師により開発が行われた土地は、結局、放置されていることが多いのだ。

このように池上幸豊は全ての事業というものは民の救いになることからはじまり、五穀を豊かにし慈悲を末端にまで行き届くようにしなければならないと述べ、それが「天下第一の御益」であると述べている。

こうした立場から、普請人足についても安価な賃銭で仕事をさせるだけであれば身につかないとし、開発地を子孫にまで所持地とするように分け与えることを前提に普請人足に充てるようにと述べている。

また、繰り返すことになるが池上幸豊は新田開発の資金を幕府や商人などに求めていない。開発資金は地元の人々に期待しているのだ。このような考えは既述したように、自身が耕作者ではない町人・医者・出家の人達が開発するようでは田畑を放置して荒地にさせてしまいかねないので「開発する人（主体）は、実際に定住し耕作に関わる人であるべき」という考えに基づいている。ただ、そのための条件として、池上幸豊は幕府に対し、以下の九つの点を求めている。①地代金を免除する、②鍬下年季の期間を三年を基本として、適宜延長も考えるようにする、③開発の人足は、国役などと同様の形をとり扶持方人足で行うようにし、扶持は願い人から出させるようにする、④願い人には開発地の一〇分の一を与えるようにする。⑤検地は一反歩三六〇歩で行う、⑥年貢の負担が重くならないようにする、⑦検地で石高が定まったとしても、高掛三役については負担を免除する、⑧欲をいえば新田の一〇分の一の土地を無年貢地とする、⑨名聞でいえば、五〇歩を超えて開発した場合、帯刀を許可する、などを提案している。

このように開発地は地元民が自主的に開発すべきであると主張する一方で、そのためにも開発後、一定期間年貢免除するといった支援や一〇分の一を無年貢地とすること、帯刀許可など開発主体への物心両面のインセンティブを与えることを提案したのである。

また池上幸豊は、田畑などの土地そのものについて、以下のように述べている。「惣百姓所持の田畑をわがものと心得居候ハひが事ニ候（すべての百姓が所持している田畑について、自分のものと考えるのは間違いである）、悉皆御公儀様之御合ニ候間……（全て御公儀の地面であり、それを百姓に所持させ渡世がなされるように下し渡されているので、感謝しなければならない）」と述べている。このように、山野の空、地面、海中に至る迄すべて公儀の地面であると述べている。そして、百姓は「御公儀様之御百姓ニ候間」と、公儀の御百姓という考えのもと、公儀から田地を預かり、子孫に至る迄、地主（土地所持者）として耕作を熱心に務め、日々の奉公の結果として年貢を滞りなく上納すべしと、述べている。そして、作徳（余った生産物）は、公儀からの下されものと同意であり、妻子などを養うようにするものだとしている。そして「これを朝暮れ忘れないように妻子に申し聞かせ、家業も出精し、しかも無益の金銭を使わず、飢えないように、寒くないように心掛けなければならない。そして、村の長はこのことを小前百姓に対し、よくよく言い聞かせなければならない」と、述べている。このように、池上幸豊は、一方で、国の経済発展を強く指向しつつ、それを強力に推進しつつも、他方においては土地を公有物（御公儀のもの）とし、百姓は土地を借り受けているという、封建思想に基づいていたのである。

第四章　砂糖作りをはじめる

一　甘蔗砂糖の育成・普及活動

池上幸豊は先祖から代々伝えられてきた海中新田開発以外にも甘蔗砂糖の育成・伝法、芒硝《ぼうしょう》、果樹生産など様々な産業育成に取り組んだ。池上幸豊がこのような活動に関わることができ、活躍できた理由は、積極的に物事に取り組む本人の性格や資質はもちろんだが、こうした活動を支える人的関係にあるといえるだろう。池上幸豊の事績のうち、とりわけ自身の半生を費やした甘蔗砂糖の育成・伝法は著名であり、「和製砂糖の元祖」などともいわれる。本章では、池上幸豊の甘蔗砂糖の取り組みを紹介すると共に、彼を支えた人的関係を明らかにする。その上で、これらの活動が本書のテーマである国益思想とどのような関わりがあるかを紹介したい。それでは、まず最初に甘蔗砂糖の普及に取り組んだ池上幸豊の事績を簡単に紹介しておこう。

1　池上幸豊の甘蔗栽培の背景

幕府が甘蔗砂糖の育成に積極的に取り組むようになるのは、金銀銅の輸出が問題となり、諸物資の輸入防遏が叫ばれるようになってからのことである。享保期になると、諸物資の国産化が叫ばれるようになった。その一貫として、幕府は甘蔗育成に取り組むようになる。享保十二年（一七二七）、徳川吉宗が薩摩藩の落合孫右衛門を招き、江戸城吹上の園中で試作する。その後、武蔵野新田で植付けがなされた時、池上幸豊は小納戸頭磯野丹波守を通じて川崎平右衛門を紹介してもらい、苗六根を入手し、試作する。ちなみに、磯野丹波守（政武）は、田沼意次の父意行が冷泉家の和歌に入門した時一緒に入門した人物である。その意味で、幸豊とは同門であった。もっといえば、幸豊にとって師匠である成島道筑をはじめ、田沼意次、磯野政武とみな冷泉家の門下生である。もちろん、彼らは武家歌壇を形成したなかでの集団である。池上幸豊とは身分が異なり、同門といっても違いがある。しかし、幸豊は成嶋道筑の娘を養女に迎えていることを考えると、門人として全く無関係であったとはいえないだろう。こうした人的関係が与えた影響は少なからずあったと考えられる。

さて、そんなおり、田村藍水が甘蔗の試作に成功した。さらなる製作とその販売伝法の担い手として池上幸豊が推挙されたのである。その経緯は後述するが、幸豊はこの砂糖製作と販売の依頼について、即座に承諾していない。その理由は大きく二つあった。一つは、御用という形で将軍へ甘蔗砂糖を献上するのであれば可能だと考えるが、砂糖を普及させるとして、費用と販売値段を勘案すると、引き合わないというのである。つまり、御用としての少量の砂糖献上であれば、田村藍水から授かった製造法で製作可能だと考えられるが、民間への販売可能な水準に至るまで広く栽培するには、もう少し甘蔗試作に時間が必要だったのである。もう一つは、当時、池上幸豊は新田開発事業に熱心であり、新たに甘蔗の育成・販売に力を注ぐ余裕がなかった。このため、深入りすることに足踏みしていたのである。

かくして、池上幸豊は田村藍水より甘蔗苗を分けてもらうこととし、製法を学ぶことで商品ベースにのせるまでしばらく試作を続けるようにしたのである。

幸豊は神奈川宿の忠兵衛と共に、それぞれ甘蔗苗二五本、甘蔗茎一〇〇〇本を幕府から受け取った。しかし最初の栽培は失敗に終わっている。関東では気候的に寒く、しかも池上新田は、海面の新開地であることから塩抜きが十分でなかったため、大半の苗が腐ってしまったのである。しかし、その後もあきらめず、幕府より甘蔗苗を受け取り、試作を続けている。

この甘蔗植付けの試行錯誤の過程で、甘蔗栽培の適地が明らかになっている。それによると、湿地や寒冷地、そして山入地（山によって日陰になる場所）は育成の不適地とされ、日当たりのよい土地が育成の好適地であるとされている。また、肥料は、干鰯・〆粕がよいことも判明している。植付けに際しては、節より芽が出ることから、苗は横に植え、その上に土を掛けることを指示している。甘蔗植付の試作を積み重ね、失敗を繰り返しながら、次第に甘蔗生育の性格が明らかになったのである。そして、明和三年（一七六六）二月、橘樹郡川崎領・稲毛領の二か領を廻村し、甘蔗植付の適地を見立てるように願い出ている。さらに翌月になると、池上幸豊は川崎領・稲毛領に神奈川領を加えた三か領の村々に対し、甘蔗苗植え付けを試験的に行う触れの発布を伊奈半左衛門役所に願い出たのである。触れの内容は、以下の四点にまとめられる。

① 川崎領の海附村々は、土地が低い位置のため植付けが不適地であるので触の対象外とすること。

② 甘蔗苗は三〇〇本程度ということで、一村相当五本か一〇本程度を渡す。そして、肥やしや種などの取り扱いについては、逐一幸豊自身が伝授すること。

③ 初年度については、幸豊自身が伝授すること。

④ 甘蔗の買取りは幸豊自身が行うこと。

こうして触れが出され、川崎領・稲毛領・神奈川領での植え付けが行われることになった。しかし、結果は表3の通りである。三か領へ植え付けた甘蔗の生育を調べたところ、芽立てが少なく、ほとんどが植え付けた状態のままで根が腐れている。もっとも、芽立てについても生い立ての様子がうまくいっていない。また稲毛領の一四か村については芽立てすらなかった。このように、この

表3　明和3年川崎・稲毛・神奈川三ケ領村々甘蔗芽立状況

	村名	当初配分株	植付株	芽立株	買収甘蔗
川崎領	川崎宿	36	32	2	19
	堀之内村	9	9	3	1
	市場村	9	8	2	1
稲毛領	溝ノ口村	9	14	2	7
	諏訪河原村	9	14	1	5
	宮内村	9	12	1	5
	登戸村	9	14	2	7
	北見方村	9	13	1	3
	二子村	9	14	0	0
	上丸子村	9	24	0	0
	上小田中村	9	10	0	0
	井田村	9	10	0	0
	長尾村	9	14	0	0
	平村	9	14	0	0
	下管生村	9	14	0	0
	久地村	9	14	0	0
	下作延村	9	14	0	0
	上平間村	9	12	0	0
	宿河原村	9	14	0	0
	上作延村	9	14	0	0
	中丸子村	9	12	0	0
	小杉村	9	12	0	0
神奈川領	東子安村	9	9	2	18
	西子安村	9	9	2	11
	新宿村	9	8	2	17
	坂本村	9	7	3	4
	和田村	9	10	1	6
	青木村	9	5	1	5
	神奈川宿	9	13	1	17
	保土ケ谷宿	36	36	4	39
	鶴見村	9	9	4	27
	下星川村	9	10	1	7
	仏向村	9	9	1	12
	芝生村	9	10	2	3
	生麦村	9	9	2	11
	河野三秀	5	不明	不明	
	池上幸豊	15	不明	不明	
	合計	389株	452株	43株	225本

仙石鶴義「池上幸豊の和製砂糖の拡布について」（『日本地域史研究』1986年）より転載

地域での植え付けの結果は散々な成績であった。しかし、ここでの植え付け試作の取り組みは、実績を作り、後の成功を準備することとなったのである。

明和三年（一七六六）十月には太白砂糖、中白砂糖、黒砂糖の三種の砂糖を箱に詰めて、馬喰町の伊奈半左衛門役所に献上している。さらに十一月には、田沼意次の上屋敷において砂糖製法を披露している。この製法披露は、無事に成功し、砂のように粒の小さな砂糖ができている。この成功により製法伝授の願いがなされたのである。

製法伝授の訴願は、当時、池上幸豊が取り組んでいた新田開発の資金調達と関連させながら行われている。同年十二月には田沼意次に対し、甘蔗製法伝授の許可を訴え出た書付を提出している。同時に同様な訴願を伊奈半左衛門役所へも提出した。それによると、以下の五つにまとめられる。

まず第一に延享期から砂糖製法をはじめ、かつ公儀から甘蔗を頂戴して製法を行ったこと。第二に砂糖製法の希望者に対し、甘蔗種を各人一〇本ずつ与えること。第三に甘蔗砂糖の製作は、基本的にどの地域においても可能であること。よって遠国であっても出向いて説明すること。なお製法伝授に当たり、謝礼金二両と人足一人、そして人馬一疋を与えること。第四に公儀の許可なしに勝手に甘蔗砂糖製法をしないこと。第五に河野三秀が願い出ていた和製砂糖座の設置についても吟味すること、以上の五点である。つまり、第一番目が和製製法のはじまりを公儀との関連で位置づけ、第二番目から第四番目までは甘蔗砂糖の具体的な伝播の問題（伝法方法や報酬）を指摘したもので、第五番目は和製砂糖座（販売権の独占）設置の指摘である。

なかでも注目したいのは、第三番目の甘蔗砂糖の伝播に際して得られる謝礼金の使途についてである。とくに注目できるのは謝礼金として得られた一〇〇〇両は、役所の貸付金として利用し、その利金を開発普請費用の拝借金にすることを願い出ている。具体的には貸付金の利息が毎年一割とすれば利息金は一〇〇両であり、その分の新田が開発できることを指摘している。このように、池上幸豊は砂糖製法伝授のために廻村を願い出ているが、その謝礼金は役所の貸付金とし、その利金を開発普請事業に充てることを願い出たのである。つまり幸豊にとって、当初の廻村の意味は、砂糖伝播を第一義とせず、直接的には謝礼金の徴収から得られる開発普請費用の獲得を目的としていた。しかし、それは認められていない。

その後、何度となく願書を提出することとなり、その結果、明和五年三月に関東の御料所（天領）を中心に甘蔗砂糖の伝法が許可されたのである。この時の砂糖製法の許可を得るために提出した願書と、勘定所への請書を参照すると、許可されなかった時の願書と比較して趣旨は同じだが二つの点で違いがみられる。一つは明和三年の段階での訴願では、甘蔗砂糖製法の伝播の謝礼金として一件当たり二両の徴収を願い出ているが、明和五年段階の請書によると謝礼金は一件当たり三分に引き下げているという点である。もう一つは甘蔗砂糖伝授のための廻村のことを「御国益」であると主張している点である。つまり明和三年段階においては、砂糖製法の伝法の基本姿勢は、「依之右製法相望ミ申者在之次第、拙者伝法仕、砂糖沢山ニ出来為仕度奉願候趣意者御公儀御入用不相懸山野河海何国ニ而も御新田開発出来之ためニ仕度より心付相考申候趣左ニ申上候（このため、右製法を望むものがいれば、私は砂糖製法の伝法をするようにし、砂糖がたくさんできるよう願いだす趣意であれば、公儀の費用を掛けることなく、山野河海どの国でも新田開発ができるように申し上げます）」と、廻村する甘蔗砂糖製法の伝播自体を目的とするのではなく、その結果として得られる新田開発のための資金作りが本来の目的であると述べている。そして、こうした一連（砂糖伝播と新田開発）の目的達成が、幕府にとって「益筋」であると主張している。

それが、明和五年の訴願によると「製法諸国江相弘御国益ニ仕、随而新田開発之扶助ニ仕度（砂糖製法を諸国に広めることは国益であり、その上で新田開発の扶助にしたい）」と、廻村による甘蔗砂糖製作技術の伝播は新田開発の資金作りだけが目的なのではなく、甘蔗砂糖の伝法自体も目的であると述べ、このことが「御国益」であると述べている。

かくして、明和五年（一七六八）三月に関東を中心に甘蔗砂糖の伝播が許可された。具体的には①謝礼金を二分とすること、②廻村に際しては馬一疋と人足二名とすること、③対象地域は江戸町方を含めた関八州と甲州、豆州、陸奥、出羽の一二か国の御料所とすること、などの三点を踏まえて許可されたのである。砂糖製法伝授における範囲や砂糖座設置、新田開発資金の充当などといった、池上幸豊自身に還元されるようなこれまでの主張はほとんど認められず、砂糖伝播を基礎とした。かくして、江戸町方をはじめ各所へ触れが伝達されたのである。

2　池上幸豊の砂糖伝播

明和六年（一七六九）、甘蔗砂糖の伝法が開始された。砂糖伝法の方法は池上幸豊の自宅で行う場合（自宅伝法）と、幸豊自身が廻村して伝播を行う場合（廻村伝法）の二通りがあった。その様子は、表4に示した通りである。それを参照しながら、幸豊による甘蔗砂糖製法伝播について紹介しておこう。

明和六年から安永三年（一七七四）の五年間、自宅伝法として池上幸豊自身の屋敷で製法伝授が行われているが、この間、甘蔗砂糖製法の伝授を受けたのは五か村六人であった。必ずしも多い人数とはいえないだろう。このため幸豊自らが廻村する廻村伝法が実施されることになる。この廻村伝法は三度にわたって行われた。

一度目の廻村伝法は、関八州を対象としていた。明和九年（一七七二）二月、武蔵国（大師河原

表４　製糖法・甘蔗栽培伝法人数(明和６～寛政10年)

(但(　)内は種苗のみ与えた伝法希望者及び村数)

		明和６～安永２年(自宅伝法)		安永３年(廻村伝法)		安永３年(種苗のみ後日伝法)		安永４～天明６年(自宅伝法)		天明６年(廻村伝法)		天明６年(廻村後自宅伝法)		天明８年(廻村伝法)		天明８年(自宅伝法)		天明９～寛政10年(自宅伝法)		合計	
国郡		村数	伝法人数	村数	伝法人数	村数	伝法人数	村数	伝法人数	村数	伝法人数	村数	伝法人数	村数	伝法人数	村数	伝法人数	村数	伝法人数	村数	伝法人数
武蔵	江戸	1	1					1	3											2	4
	橘樹							3	3									2	2	5	5
	足立	1	1	1	2															2	3
	多摩							1	1											1	1
	男衾																	1	1	1	1
	埼玉																	1	1	1	1
相模	足柄													2	2	1	1	1	1	4	4
	鎌倉													1	1					1	1
伊豆	田方															1	1			1	1
	八丈島																	1	2	1	2
下総	海上			1	3	(2)	(2)													1(2)	3(2)
	結城			1	1															1	1
	猿島			1	1			1	1											2	2
	香取					(3)	(3)													(3)	(3)
常陸	水戸城下																	1	1	1	1
	鹿島			1	1	(3)	(3)													1(3)	1(3)
	行方					(1)	(2)													(1)	(2)
	新治																	1	2	1	2
下野	河内			1	1															1	1
	都賀			1	3			1	1											2	4
	芳賀							2	2											2	2
	那須											1	1							1	1
上野	甘楽							1	2											1	2
駿河	富士	1	2							1	2	1	2	3	6	1	1			7	13
	駿東									1	1									1	1
	志太									1	1									1	1
	庵原													1	1					1	1
甲斐	巨摩	2	2											1	1					3	3
	山梨	1	1							1	1									2	2
信濃	小県							1	1											1	1
	筑摩									1	1									1	1
遠江	敷知									1	1									1	1
	長上									1	1									1	1
三河	幡豆																	1	1	1	1
紀伊																		1	1	1	1
近江	蒲生									1	1									1	1
	志賀									2	2									2	2
	粟田									5	5									5	5
美濃	本巣									1	1									1	1
	恵那									2	2									2	2
京										2	3									2	3
山城	紀伊									7	8									7	8
	久世									15	16									15	16
	綴喜									14	14									14	14
	乙訓									5	5									5	5
	相楽									9	9									9	9
	宇治									1	1									1	1
丹波	多紀																	1	2	1	2
大坂										1	2									1	2
越後	蒲原	1	1																	1	1
陸奥	村山							1	1											1	1
	田村																	1	1	1	1
	白川																	1	1	1	1
出羽	信夫							1	1											1	1
肥前																		1	2	1	2
土佐																		1	1	1	1
不明																		4	4	4	4
合計		7	8	7	12	(9)	(10)	13	16	72	77	2	3	8	11	3	3	19	23	131 (9)	153 (10)

仙石鶴義「池上幸豊の和製砂糖の拡布について」(『日本地域史研究』1986年)より転載。

村）から下総国（八日市場、銚子、佐原）→常陸国（鹿島）→下野国（鹿島町、宇都宮）→武蔵国（鳩ヶ谷宿）への廻村を願い出ている。しかし、すぐには許可されていない。そして、安永三年（一七七四）正月に再び願い出て許可されている。かくして二月二十七日に大師河原村を出立し、翌月二十七日に帰村するまでの一か月の間、幸豊の持病が再発し、保養することがあったものの、あとは順調に行われている（図4）。廻村中の費用は全額幕府より支給を受けている。この廻村伝法で、八か町村一二人が伝法を受けている。さらに八か村一〇人には甘蔗種を渡し、後日伝法することにしている。また、下野国鹿沼町付近で甘蔗種が全て枯れてしまい、大師河原村へ帰村した後に甘蔗種を送っている。

二度目の廻村伝法は、天明六年（一七八六）に行われた。伝法の対象地はおおむね東海道、中山道、甲州道中と畿内である（図5）。行程は約四か月に及び、四月十三日に出立し、八月五日に帰村している。三度にわたる廻村のなかで最大規模の行程であった。この間、四月六日から五月二十九日までは大坂石町に逗留し、五月十一日には大坂城代阿部能登守正敏に御目見えを果たしている。そして、京都から大津・草津、そして中山道を通り帰村している。他にも各街道筋で伝法が行われ、その範囲は七二か村、七七人に及んだ。

三度目は、天明八年五月二十八日より七月一日までで（図6）、相模、駿河を対象としている。

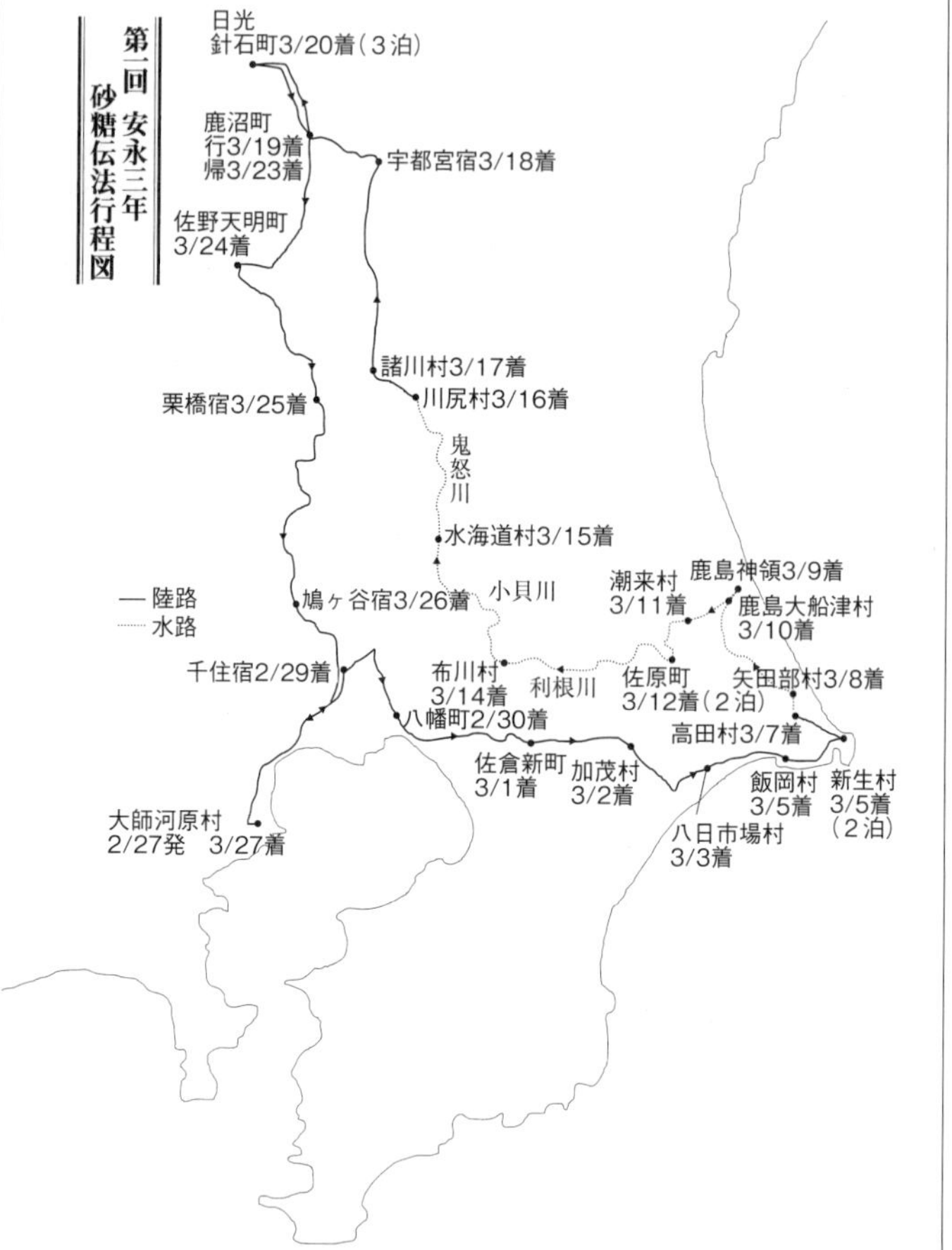

図4 第1回安永三年砂糖伝法行程図（出典：川崎市市民ミュージアム編『大江戸マルチ人物伝池上太郎左衛門幸豊』）

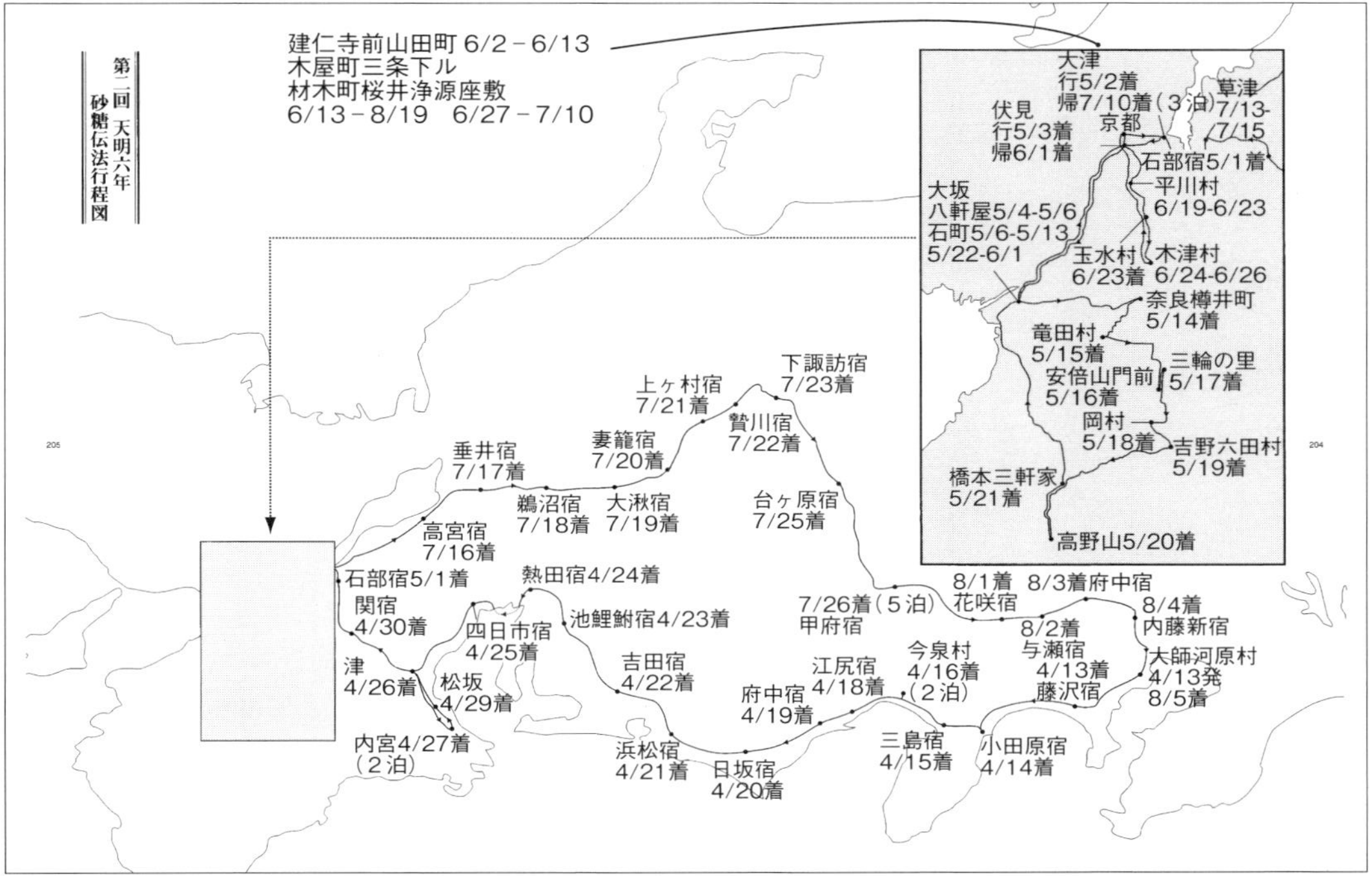

図5　第2回天明六年砂糖伝法行程図（出典：川崎市市民ミュージアム編『大江戸マルチ人物伝池上太郎左衛門幸豊』）

ただこの時は、これまで伝法した村々を廻村し、様子を見分することも目的の一つであり、あまり製法伝法をしていない。注目できるのは、駿河国富士郡今泉村の長右衛門は積極的だったようで、長右衛門によって今泉村、神戸村、三ツ沢村、原田村、三ツ倉村の五か村に甘蔗七四四〇株を植えている。他の村々でも、二〇〇本から五〇〇本程度もの甘蔗が植え付けられていたことがわかる。

かくして、三回にわたる廻村伝法と自宅伝法によって合計一三二か村一五二一人への伝法を行ったのである。

この池上幸豊の廻村伝法の特徴は、関八州と畿内、東海道筋といった幕領地域を伝播の対象地としていた点にある。つまり甘蔗砂糖の国産

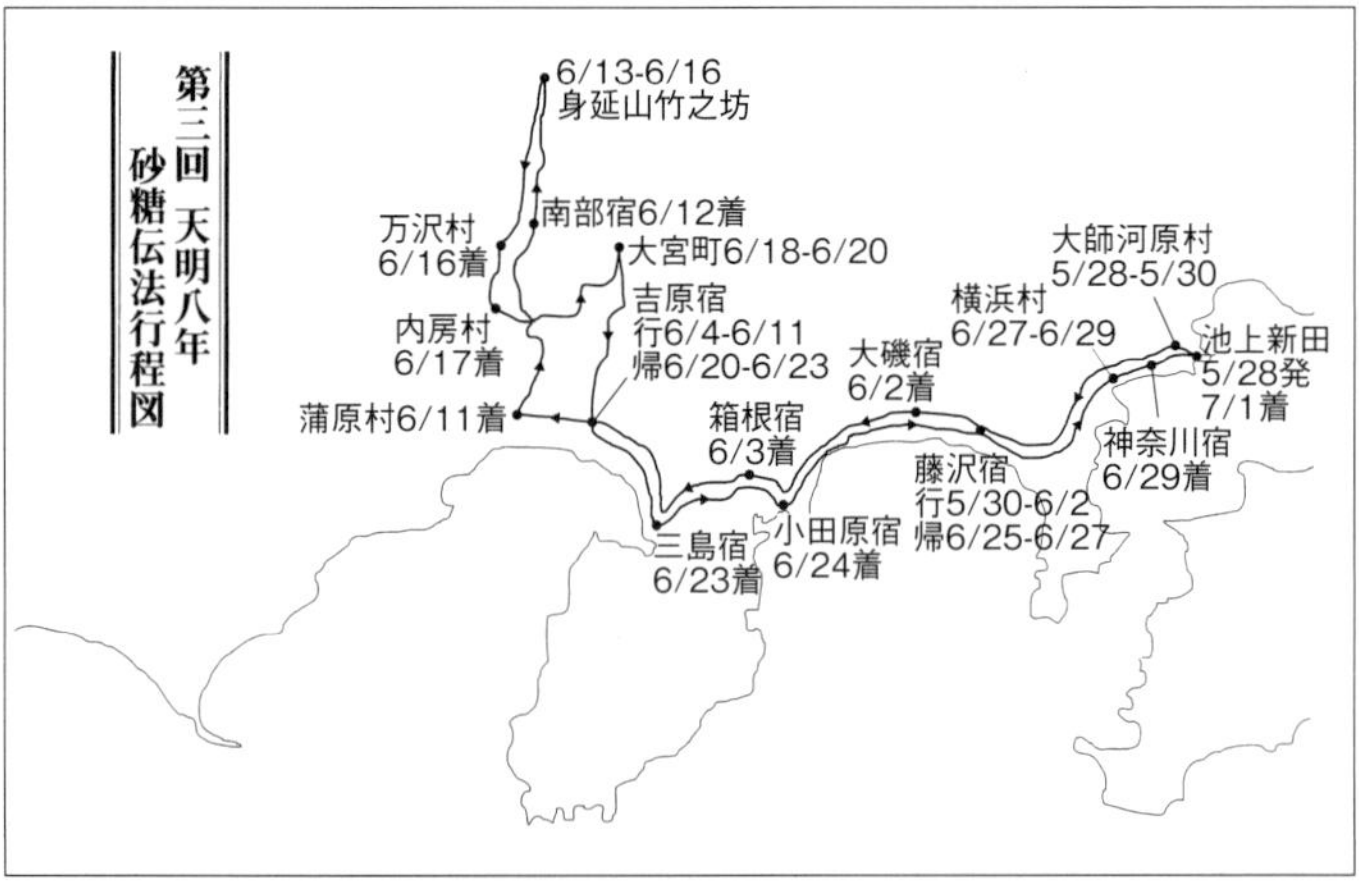

図6　第3回天明八年砂糖伝法行程図（出典：川崎市市民ミュージアム編『大江戸マルチ人物伝池上太郎左衛門幸豊』）

化自体は国家的課題として位置づけられるが、その政策遂行が可能な空間は、畿内・関東とそれをつなげる東海道・中山道などといった街道筋であったということになる。負担は幕府から与えられた。第二回目の伝法の時を例にすると、各村々から得た二分の謝礼金は三八両二分となるが、宿泊などの伝法の時にかかった諸費用として三三両二分弱を差し引いた五両余が幕府に納金されている。

ちなみに池上幸豊の廻村伝法は必ずしも甘蔗砂糖の生産拡大につながったとはいえなかったようである。この点は、晩年幸豊が、砂糖の伝法が難しい理由について、「なかなか百姓は新たな作物を育成することは心労もあるし、利益が上がらないかもしれないとなると難しい。一・二年試作をしてもなかなか利益が見込めないとなると、やめてしまうのがほとんどである。そもそも農業は春から耕作をはじめて、秋まで暇なく作業が続き、しかも少しでも余裕があれば、山で伐採作業をしたり、海で磯草や貝の採取をする。さらに夜には縄や筵を編んだりする。だから中農や小農は昼夜も作業が暇なくあり、新たな作物に取り組もうとはしないのだ。そういうことで、確実に利益が上がるということがわからないのなら、新しいことをするのは迷惑でしかない。しかも、砂糖を作るには、様々な道具を必要とし、その費用も嵩むことを考えると、なかなか浸透することは難しい」と、述べている。

それでは藩領域に対して甘蔗砂糖の伝法はなされなかったのであろうか。実際のところ、池上幸豊は藩領域での廻村はしていない。ただ、各藩主（その家臣）に対し甘蔗苗を分け与えている。つまり、幕領農村は民間を対象としていたのに対し、藩領域に対しては藩主（藩の政策）を通じて甘蔗砂糖の伝播を行ったのである。

3　氷砂糖製造の成功

享保期以降、黒砂糖、白砂糖の品種改良と普及に向けた試作が進められてきた。その結果、白砂糖、黒砂糖は実用化でき、全国への普及を可能にした。しかし、まだ池上幸豊にとって望みが全て達成できたわけではなかった。一層の高度な技術を要する氷砂糖や三盆砂糖は、実用化に至っていないのである。寛政六、七年（一七九四、九五）頃になると、幸豊は高齢となり眼病を患っている。幸豊の最後の望みであった氷砂糖の製法は養子の太郎次郎（幸通）に引き継がれ、製法できるようになっている。品種改良が進み、氷砂糖の保存具合も適当なレベルに至ったことで、幸豊は寛政九年八月に支配代官である大貫次右衛門役所に対し、氷砂糖、三盆砂糖の見分を願い出ている。ただ見分は幸豊の存命のうちには実現していない。氷砂糖の製法の完成度合は不十分であった。しかし、池上幸豊が存命のうちに氷砂糖の検分を実現したかったのだろう。

また、この時の願い出を参照すると、「何卒存命之間ニ右之段奉申上候」と記載されている。この願書を提出した寛政九年の時、池上幸豊は八〇歳で、翌十年二月に亡くなっている。

4　氷砂糖の成功と御膳所御用

池上幸豊が亡くなった翌年、寛政十一年（一七九九）十二月、養子であった太郎次郎が大貫次右衛門役所に対して、氷砂糖の販売を願い出ている。訴願に対し、太郎次郎は、寛政十一年段階の白砂糖・黒砂糖、そして氷砂糖の製造高を尋ねている。回答によると、白砂糖がおおよそ一〇〇〇斤（この一〇〇〇斤のうちで三盆砂糖、雪白砂糖、氷砂糖などを製造することから実際の製造高は減少する）、黒砂糖は二〇〇斤、氷砂糖は三〇斤程度と答えている。さらに氷砂糖三〇斤のうち、二〇斤は自身の試験用として残し、販売を目的とする氷砂糖は取りあえず一〇斤程度としている。その上で関東郡代による取り調べの見本として、氷砂糖半斤と上・中・下に分けた白砂糖を提出している。そして、十二月二十日から氷砂糖販売が行われるようになった。

氷砂糖生産においてどれだけの収益が見込めるのだろうか。氷砂糖生産の実用性について、池上幸豊は以下のように四点にまとめた見積もりを提出している。

①　釜一口あたりで白砂糖から上氷砂糖を取り出すためには、一日当たり一二貫目が必要であ

る。

② 白砂糖一二貫目のうち、氷砂糖は六貫目、白砂糖は四貫目、そして蜜糖は一貫目製造できる。また、これら全体でおおよそ五二八匁の価額である。

③ 製糖費用は白砂糖一二貫目の代銀として四八〇目、燃料としての薪料が一二匁、人足の手間賃が一〇目、火焚きに必要な手間賃が二匁、そして諸経費が一〇匁で合計五一四匁であった。

④ 白砂糖の値段は時期によって高下するものの、基本的には一釜で一日製造すると、一四匁の利益があったことになる。

このようなことから、白砂糖から氷砂糖を製造しても収益が見込めることを示し、実用に耐えうることを紹介している。ただ、氷砂糖の製造に成功しつつも、まだまだ氷砂糖は貴重品であった。しかも、甘蔗から直接氷砂糖を製造できず、一度白砂糖とした上でないと製造できなかったのである。また、黒砂糖から氷砂糖にすることも不可能ではないものの、現実的ではなかった。

こうしたこともあり、氷砂糖については一般への普及ではなく、将軍家御膳御用として氷砂糖一〇〇斤を上納することが命じられている。結局、寛政十二年十月に、氷砂糖上納が命じられ、品質で上・中・下の三つに分け、それぞれ箱に詰めて御膳所へ上納したのである。

寛政十三年には池上太郎次郎は、御三家である紀伊藩士半田兵右衛門に氷砂糖の製法を伝えている。この時、「御伝法之趣堅相守、一子相伝之外ハ縦令親類縁者等ニ而も他伝他言等決而致間敷候（伝法で伝授したことは堅く守るようにし、一子相伝の他はたとえ親類・縁者等であっても、よそへ他言することは決して致しません）」という内容の一札を提出させている。原則として一子相伝とし、広く一般への製法伝授はしなかったのである。

池上幸豊は晩年、次のような和歌を詠っている。

此国の　ほまれとなるを　利となして
　あまねく人の　めてよとそ思ふ

国益を主張し、それを新田開発、甘蔗砂糖の伝播に尽力した晩年の和歌として池上幸豊自身の半生をうたったものといえるだろう。

二　池上幸豊を支えた人々

池上幸豊の行動で特筆すべきは、国益思想に基づき何ごとに対しても積極的であったということである。甘蔗砂糖以外にも、後述する芒硝をはじめ、防風林の意味も含めて大嶋村の新開地に桃や梨の植え付けを願い出たり、カラムシや木綿、茜の栽培を願い出ている。さらには救荒作物としての闍婆菜《じゃばな》の植え付けも行った。

これらの様々な活動のなかでもとりわけ池上幸豊の半生を尽くしたのが甘蔗砂糖の育成であるが、この甘蔗砂糖の育成を実現するためには、多くの人々の支えがあった。すでに紹介した池上幸豊の人生の師匠に当たる成嶋道筑はそのなかでも重要な人物だが、他にも様々な人々がいた。内容について重複する箇所もあるが、池上幸豊を支えた人々を紹介していくことにしよう。

1　田村藍水との出会い

池上幸豊は成島道筑に学び、そこから得られた国益、国富思想を、新田開発による国土拡大や芒硝の製造、甘蔗育成によって実現しようとした。この点、新田開発事業は先祖伝来の取り組みでもあったが、甘蔗砂糖や芒硝の製造は池上氏自身が技術をもっていたわけではなかった。その意味で、この取り組みに重要な役割を果たしたのが田村藍水である。

田村藍水は、享保三年（一七一八）に小普請方棟梁大谷出雲の次男として生まれ、一五歳の時医業を志し、道三流医術を修めている。本草学者としても知られ、朝鮮人参に詳しく、元文二年（一七三七）二〇歳の時に将軍吉宗から朝鮮人参の実を拝領し繁殖させた。また、『人参譜』を著し、朝鮮人参の第一人者であった。さらに甘蔗育成にも携わり、『甘蔗製造伝』という著作もある。

当時、医者にとっては薬草採取は重要な意味があり、その意味で本草学は医学と不可分な関係だった。今でこそ砂糖は糖尿病など贅沢病の原因として過度の摂取が批判されるが、先に紹介した通り、当時の医学では砂糖は効用があるとされた。医業を生業としていた田村藍水などが砂糖製作にも関与していたこともわかるだろう。ちなみに、池上氏の甘蔗砂糖を品種改良し、実用可能な甘蔗砂糖の製法を伝授した河野三秀も医者である。また、近世前期は薬種問屋が砂糖を扱っていた。

また、宝暦七年（一七五七）には、門人である平賀源内と共に江戸に薬品会を開催している。このように田村藍水は医学者としてだけでなく、薬種＝本草学の研究を推し進めた人物として知られる。田村藍水の交際範囲は広く、田沼意次（老中）、島津重豪（薩摩藩主）、細川重賢（熊本藩主）、松平頼恭（高松藩主）、林信亮（儒学者）、成嶋道筑（幕臣）、吉雄幸作（オランダ語通詞、蘭方医）、木村孔恭（本草学者）などがいた。

田村藍水と池上幸豊の出会いは両者の共通の知人として成島道筑がいるので、道筑が仲介になったのか、あるいは、甘蔗の植付けを川崎平右衛門から命じられているので、それがきっかけで知り合ったのかはわからない。

宝暦十一（一七六一）年五月一日、田村藍水から池上幸豊のもとに書状が届いている。幸豊が書状を開くと「砂糖のことで相談したい」という内容であった。幸豊は、書状を運んできた日高仁左衛門に対し翌日は江戸への出張があるので三日に行く旨を伝えている。

五月三日、池上幸豊は田村藍水のもとに行ったところ、田村藍水は池上幸豊に対してこれまでの自身の砂糖製造の経緯について語っている。すなわち田村藍水は延享元年（一七四四）から甘蔗砂糖の育成について苦労を重ねて試行錯誤を繰り返してきた。そして、ようやくその苦労が実り、砂糖の育成に成功した。田村藍水は当時勘定奉行であった一色安芸守に手製の砂糖をみせたところ、一色安芸守から「このように砂糖ができるのであれば、甘蔗（砂糖黍）を下げ渡すので、今年の冬に製造し、売り出せるようにすればよいのではないか」と、提案を受けたのである。この提案に対し、田村藍水は、「自分自身は医業の身であり、多忙である。よって世間に広めるのは難しい。別の人が砂糖製法の伝法を行うようにし、世間に広めた方がよいのではないか」という内容を伝えたところ、一色安芸守も、「確かにそうだ。だけどそのような人物に心当たりはあるのか」と応じたのである。これを受けて田村藍水は池上幸豊を推挙するに至った。すなわち、「大師河原村に池上幸豊という人物がいる。身分は百姓だが、最近、砂糖製法について心がけている。しかし、なにぶん手製でわずかな量を育成している程度のため、なかなか砂糖にまで至っていない。ただ、いつも熱心に活動している」という話になった。以上の経緯で池上幸豊が推挙されたのである。これを田村藍水の邸宅で幸豊は聞くことになる。そのおり、田村藍水の邸宅で江戸城吹上で製作した砂糖や尾張藩で製作された砂糖を閲覧し、幸豊は「吹上製作の砂糖はよいようだが、製法を秘密であるとしたり、口伝であるのは御用として望ましくない」と、回答している。これには田村藍水も「成《な》程《ほど》」と同意し、「確かに砂糖製作ができたとしても費用が嵩むようでは引き合わない」と述べ、世間に広がらないことから、民間でも製作を可能とすることで、コストも引き合うようにしなければならないと述べている。これに対し、幸豊は新田開発にも忙しいので、世間に広まるようまずは試作を行うことで了解している。

本草学者は生業が医者であるため、ある程度の育成は可能であったとしても実用化や普及は難しかったのだろう。むしろ、そのようなことは民間に委ねる必要があったのである。ただ、「民間＝百姓身分」といっても、このようなことを積極的に行う人は必ず居るとは限らなかった。その意味で池上幸豊は稀有な存在であり、重宝されたのである。

2　平賀源内との出会い

池上幸豊は知人を介したアドバイスを通じて、彼自身の積極的な活動に結び付けることもあった。その一例が平賀源内を通じて紹介された芒硝である。芒硝とは硫酸ナトリウムの俗称で、ガラス製造、乾燥剤などに利用され、漢方薬にも配合されたりするものである。池上幸豊はこの芒硝について、知識をもち合わせていなかった。この芒硝については、田村藍水の邸宅を訪問した際、田村藍水から紹介された平賀源内から教わったものである。

この平賀源内は享保十三年（一七二八）に讃岐国で生まれた。本草学、物理学、戯作者として博学な人物として知られ、田村藍水の門人であった。平賀源内の発案により田村藍水と共に薬品会を開催している。この薬品会は薬種を国内で自給することを目的に知識人の交流を意図したのである。こうしたことから、池上幸豊は大師河原村周辺の海辺が芒硝の製法にとって適地であるとアドバイスを受けたのである。この日、この芒硝は大病人の服用する薬として有益であるとしている。海岸で好天が続く時、塩気が強いところに白く自然結晶したものを採取する。製法を他言しないことを神文で誓約した上で、試作している。実際に行われたのは幸豊の晩年のことで寛政二年（一七九〇）のことであった。このため訴願は太市郎が行っている。内容は、なかなかよい出来栄えとなり、土ごと田村元長（藍水の長男）に贈呈している。これを田村元長は人参の製法所に問い合わせたところ、一斤当たり銀五匁で、五〇〇斤ほど購入するとの回答を得たという。こうして一応、大師河原や行徳において芒硝を製造し、販売する許可を得ている。

3　田沼意次との付き合い

そして、池上幸豊との付き合いで注目できる人物は田沼意次である。池上幸豊が活躍した時代は、田沼時代ともいわれるように、田沼意次は、側用人、老中を歴任し、当時の権勢をほしいままにしていた。商品経済の発展に対応した政策を基調とし、株仲間の公認などの諸政策を行った。先に紹介した通り、実は、立場は異なるものの、この田沼意次と幸豊とは、冷泉家の同門であった。池上家文書を読んでいると、史料中に「呉服橋様」とか「神田橋様」という宛先をみることができる。それが田沼意次のことである。明和四年（一七六七）七月一日に側用人として五〇〇〇石となり、のちに遠州相良城主となっている。八月十五日にはそれまで老中であった秋元涼朝が居住していた神田橋の屋鋪を拝領している。宛先の名前が「呉服橋様」から「神田橋様」へと変化しているのはこのためである。

池上幸豊から田沼意次に対して出された文書の内容は、公的な訴願というよりも、むしろ根回しを中心とした私的な訴願が多い。たとえば、砂糖製法の触れを願い出た際、「此義ハ伊奈備前守様御役所へ別紙之通奉願上候、御触書之義ハ右御役所へ奉願候而者御取揚ケも有御座間敷義と奉存、難義至極仕候（この件については、伊奈役所へ別紙の通り願い出たのですが、触書によれば、なかなか取り上げてくれないので困っている）」と、代官の伊奈半左衛門がなかなか願書を取り上げないことを述べている。

また、明和六年三月二三日には甘蔗植付場について、田沼意次に宛てて「先頃ノ御意之趣ヲ以御催促申上候所、御役所ニ而御下知を御待被成候由ニ被仰聞候、此上何分御沙汰可然様奉願候（先日の意見に基づき催促したところ、役所から下知を待つようにいわれました。そういうことなので、どうか沙汰が叶うようにお願いします）」と述べており、それが四月二十七日に甘蔗の植付場が希望通りとなり、地所が引き渡されると、すぐに池上幸豊は田沼意次に「先頃被為仰付候甘蔗植付場、当廿日ニ地所引渡シ相済奉請取、難有仕合奉存候（先日、甘蔗植付場のことを仰せ付けられている。二十日に地所の引き渡しが済みました。ありがとうございました）」と、お礼の口上書を提出している。他にも、砂糖技術を伝播する廻村の日程についても「和製砂糖伝法廻村之儀、願之通今廿五日伊奈半左衛門様於御役所被為仰付、御触流頂戴仕冥加至極難有仕合奉存候（和製砂糖の伝法の廻村について、願いの通り、二十五日に伊奈半左衛門役所から仰せ付けられました。触れも流され感謝申し上げます）」と、幸豊の考えていた通りに触れが流され、田沼意次に礼状を提出している。田沼意次と幸豊との付き合いは、支配代官である伊奈半左衛門役所に提出するような公的な訴願とは別に、触などの政治的手段を行使する際に私的な関係として利用されていたのである。つまり、池上幸豊は甘蔗砂糖の栽培、伝播の取り組みを実現させる制度的な裏付けや許認可を得る時の支援を、時の政治家である田沼意次に期待したのである。

4　用人井上寛司

もちろん池上幸豊はいつも田沼意次と直接やりとりしていたわけではない。史料中に「右之書付井上氏へ相渡し……」という文言が散見されることに注目したい。幸豊が田沼意次へ希望を伝える時は用人である井上寛司を介していたのである。

上記のように田沼意次に対して願書を提出する時、井上を介していたことだけでも注目できるが、それだけでなく、井上寛司自身との関係を分析すると、用人の果たした役割が重要であることがわかる。

たとえば、甘蔗砂糖の製造に成功した際、甘蔗砂糖の吟味願いを伊奈半左衛門役所と共に田沼意次のもとに提出している。この時、井上寛司のもとに「右十二日夕井上氏へ渡ス、砂糖黒白二種各初製、再製二器つつ両種ニて四器、白木ノ箱ニ入、封印致し候て指出ス」と、井上寛司に対し試作品を提出している。

大坂でも同じように甘蔗砂糖の普及を考えていた町医者津田忠右衛門の考えについて、池上幸豊が井上寛司に書付を提出した時には、「寛司殿被申候は、右書付入御覧候所、御国益之筋今以相見不申候間、聢と御国益之趣相知候上ニて、此義御言葉被添可被下由、先右書付御返し被成候由ニて被渡候ニ付、奉畏候と申請取申候（井上寛司がいうには、幸豊の書付をみると「国益」の文言をみることができない。ちゃんと、「国益之趣」であることを知らさせた上で、言葉を添えて下さればよいと述べて、書付を返してくれたので、わかりましたと答えて受け取った）」と、訴願などの書付の記載方法にも忠告をしている。実際、これを受け、池上幸豊は「和製砂糖相弘り御国益ニも相成申候ハバ……（和製砂糖を広めることは国益にもなるので）」と国益の文言を訴願文書のなかに加えている。このように訴願を実現するために、仲介役としての井上寛司のような用人の忠告が有益であったことがわかるだろう。なお、この国益という文言は、それまでも使われていた文言ではあるが、甘蔗砂糖に関する史料に多く散見されている。

また、安永八年（一七七九）の時の東海道や畿内への廻村伝法を訴願した時にも、「此書付神田橋様へ正月晦日ニ持参、口上ニて申上候ハ、彼是仕当春も時節後延引仕候様罷成候ては、私義段々及老年候ニ付、数年致覚候義何卒生涯之間ニ相弘メ申度、恐多義も不顧奉申上候、御序之節御沙汰何分可然奉願上候（この書付を田沼意次の屋敷に安永八年正月晦日に持参している。口上で申し上げるには、かれこれ当春の訴願でも延期となっており、次第に自分（池上幸豊）も老年になるので、どうか生きている間に和製砂糖の伝播をしたいと申し上げるしだいです。沙汰をいただけますようお願いします。）」と述べているが、この時も「此段井上氏面上に申候……」と、直接、井上寛司に会って口上で伝えている。また、興味深いのは、このような史料には、公的な訴願文書とは異なり「私義段々及老年候……」というような個人的な事情が書かれてある点である。井上寛司や田沼意次との関係は私的な関係であり、文書自体も、公的文書でないことを示している。

このような、訴願の許認可の根回しだけでなく、触れなどの文言についても事前のやりとりがなされている。

たとえば、安永三年（一七七四）に北関東への廻村伝法を行う際、事前に触れを流すことになるが、「此度も右御触流しさへ被成下候得ハ、外ニ願と申義ハ無御座候、井上氏被仰候ハ、左候ハバ御触流之一儀ニ候哉と被仰候ニ付、左様ニ御座候、御触流之外何ニても願候義ハ無御座候と申上候得ハ……（今回の触について、「触れを流しさえすればよく、他に願いは特にない」と伝えたところ、「それならば、触れを流すだけでよいのだな」と、井上寛司から念を押されたので、「触れを流すだけでよい」と回答した）」というように、訴願の意図は触れを出すことだけでよいのか、それとも、含意するものがあるのかが確認されている。結局、触れを流すだけということが確認されている。このように、池上幸豊自身が井上寛司に対し、直接話をすることで触書などの内容の調整がなされていることがわかるだろう。その後、二月二十五日の記述によると、「此間奉申上候和製砂糖伝法廻村之儀、願之通今廿五日伊奈半左衛門様於御役所被為仰付、御触流頂戴仕冥加至極難有仕合奉存候（このあいだ申し上げた和製砂糖の廻村伝法について、願いの通り、今月二十五日伊奈半左衛門役所から命じられ、触流ししていただいた。大変ありがとうございました。）」と、廻村伝法の触れが出されたお礼を伝えている。

また、こうした触れだけでなく、田沼屋敷において、砂糖製法の実演をする時も池上幸豊は井上寛司の支援を受けている。幸豊は、井上寛司に対し実施場所の確認や砂糖製法に必要な車台を固定することへの要請、絞った砂糖汁を煎るために必要な七輪の調達について細かく相談している。これに対し、井上寛司は、実演場所を蠣殻町の下屋敷にすることを連絡すると共に（実際は上屋敷に変更して行われた）、道具の搬送のために二人を派遣している。このように、田沼屋敷での砂糖製法の実演を準備するに当たり、道具の搬送や調達について細かな相談を、井上との間で行ったのである。

もちろん、池上幸豊は常に井上寛司を介して田沼意次と対応していたわけではない。直接対応することもないわけではなかった。明和三年三月四日、呉服橋の屋形を訪問し、幸豊が河野三秀の砂糖座設置に伴う概算書を井上氏に提出した際には、二日後の六日には田沼意次へのお目見えがかなっている。この時、田沼意次は直接概算書をみて、伊奈半左衛門得門へ提出するよう指示している。

このように池上幸豊の砂糖普及活動には田沼意次の果たした役割が大きかった。いいかえると幸豊の国益思想の具体化に当たり田沼時代であったということが重要であったといえるだろう。そしてまた、この事業に対し、用人井上寛司の理解があったことも重要であったのである。

5　同時代、製糖の取り組みをしていた人たち

製糖業に取り組んでいたのは、田村藍水と池上幸豊だけではなかった。同じ時期、東西で二人の人物がいた。

一人は江戸の芝永井町に住んでいた河野三秀という町医者である。この河野三秀の白砂糖製法は池上幸豊が行っていた白砂糖製法よりも優れていた。明和二年（一七六五）十一月に町奉行所に提出した願書によれば、甘蔗から白砂糖を製造する方法は、『天工開物』や『農業全書』『本草綱目』などの書物によると、はじめに黒砂糖を製造した上で白砂糖にする方法が書かれてあるが、河野三秀が開発した砂糖製造法は最初から白砂糖を製造するものであった。黒砂糖も同様にこれまでの書物とは異なる方法で製造している。河野三秀はこの製法の伝授を述べると共に、和製砂糖座を設置し、そこに砂糖を集め、販売することを願い出たのである。つまり、河野三秀は単に砂糖製法を伝

えるだけでなく、これを一括して集めて販売する権利（和製砂糖座設置）を得ようとしたのである。この和製砂糖座の設置が認められれば、運上金は命じられた通りに支払うと述べている。

この白砂糖と黒砂糖の製法について、池上幸豊も大変感心している。しかも、十一月上旬には河野三秀を池上邸に招待し色々と話をしている。この時、甘蔗製造を見分したところ黒白砂糖ができたことを確認したと述べている。さらに幸豊は五年もの間試作を繰り返しても、採算が合わなかったが、河野三秀の製法であれば、利益も上がると述べている。そして、河野三秀の願書の通り、適当な土地を見立てて甘蔗を植え付ければ、和製砂糖が白砂糖、黒砂糖共に沢山でき、御国益であると述べている。さらに、幸豊は河野三秀が提案している砂糖座を設置し運上金を支払うというシステムにも賛同している。あわせて、砂糖の製品を初製と再製のものを二つずつ器に分け四つの器の箱に入れて伊奈役所に届けている。

また池上幸豊は河野三秀による砂糖製造法について、売買値段が費用的にも対応可能と述べている。こうして考えると、河野三秀が取り組んでいた甘蔗砂糖製法の方が幸豊が行っていた製法よりも優れていたようである。

ところが明和四年（一七六七）三月、河野三秀は砂糖座の設置願いを取下げた。実は前年の冬に河野三秀の家が火事で焼失してしまったのである。しかも、持病を患い、家族に病人がいるということで、甘蔗砂糖どころではなくなってしまった。この時、河野三秀は池上幸豊に対し、砂糖座設置を一緒にやるようにもちかけている。しかし、幸豊は、その提案を断っている。何故なら、砂糖製造は国益であり国内に広めることを目指して努力してきたものであり、砂糖座設置自体の意志はないとし、一緒に砂糖座設置を願い出る意志はないということであった。河野三秀は最早なすすべもなくなり、幸豊に宛てて「砂糖座掛かりを主張していたが、去年の冬に火事となり、家内など病人も出た。費用も掛かり相続も難しいので、私一人で砂糖座を行うことは困難となった。砂糖の普及は国益でもあるので、以後はこの件について申し上げることはない。」と一札を送っている。

これを受けた池上幸豊は、田沼意次のもとへ手紙を送っている。その内容は、河野三秀により砂糖製法が成功したことで砂糖座設置を願いでていた件だが、明和三年の冬に家が火事となり家内も病気、さらに河野三秀自身も持病の積聚（しゅくじゅ＝さしこみ）などが激しくなり、目まいがするようになったことで、一人で砂糖座を設置することは困難となったということ。このため、河野三秀から池上幸豊と一緒に設置の提案を受けたこと。その提案について、幸豊自身は砂糖製造の目的は国益であり、世間に広めることであり、共同で砂糖座を設置することは前向きではないことを伝えたところ、河野三秀からは以後、砂糖の件は国益なので一切を幸豊に任せるとの書状を貰ったことなどを説明している。そして、河野三秀が所有していた甘蔗種二万余りについて、幸豊が引き継ぐことを考えているが、河野三秀の所管は町奉行所のため支配違いであり、この点どうしたらよいか田沼意次に指示を仰いでいる。

なお、それにあわせて、この問題についての池上幸豊自身の考えも添えている。まず、二万余りの甘蔗種についてであるが、これらを一・二か村にまとめて植えると、村のなかには甘蔗を植え付けることを望まない者もいるし、費用もかかるので、多くの村々に触れを流すようにし、希望の村に植え付けたほうがよいと提案している。そして、まずは自分の土地に甘蔗を植えるようにし、製法を望み植付を希望するものに甘蔗種を配るようにしたらよいと述べている。また、支配違いについては、まず河野三秀の支配先である町奉行所から池上幸豊の支配先である伊奈備前守役所へ甘蔗種を渡すようにし、その上で伊奈備前役所から池上幸豊へ下げ渡したらよいと述べている。

かくして、三月十九日に河野三秀のもっていた甘蔗種は赤羽橋から船積みにし、二十日の夕方に届いている。そして、二十一日に植え付けた。実際は、甘蔗茎が二六二一本、根株は一二五株であった。

もう一人、大坂の町医者で和製砂糖の製法に力を注いでいた人物がいた。津田忠右衛門という人物で、もともと摂津国、河内国、和泉国（現在の大阪府）の御料（天領）を対象とした、山野の無名地や百姓持ち地を借用している。一九〇町歩を見立て薬草や薬木を植えていたのであるが、甘蔗も植え付けることにしたのである。そして、大坂に製法場を設置する様にすれば、大坂は問屋も多く、次第に全国に広まるだろうと答えている。これにより、出来上がった砂糖は入札で支払うようにし、その利益から上納するとすれば、一万両ずつ一〇年間上納するとしている。さらに、植付場は百姓の生業に影響を与えず、また、困窮している人を作業に当たらせることで、「御救益」であるとも述べている。

この点について池上幸豊は遠方であるため、詳細はわからないとし、実際に甘蔗の植え付け状況を確認する必要があると述べている。ただ、これがもし本当であれば、和製砂糖が広まり国益になるとし、幸豊自身の願望も実現するとも述べている。ただ、この津田忠右衛門については、これ以降の史料が残されておらず、実際にどれだけ具体化されたかはわからない。

このように、池上幸豊に限らず、積極的に本草学や医学などに携わっていた人々を中心に甘蔗砂糖の育成や改良が行われていたのである。ちなみに、幸豊はこのような本草学者や医学者などが幕府に提出した建議書に対し、現場の立場から幕府へ回答する立場でもあった。また、幸豊と河野三秀のように、実際に会い意見を交換したり、建議書に書かれてある製法で実際に作業することもあったのである。

三　砂糖国産化の歴史的意義

砂糖は近世初期の段階では奢侈品であったが、近世後期になるに従い都市部を中心に、広い階層の人々が消費している。そして、日常生活に欠くことのできない産業の一つになったのである。こうした産業は、実は砂糖だけではない。生糸なども、近世初期は輸入品だったが、開国後には貴重な日本の輸出品になっている。二六〇年という長い鎖国体制のなかで、国産化が可能となったのである。

こうした産物の国産化の大きなきっかけとなったのが貿易問題であった。金銀の海外流出が増大するにつれ、輸入防遏と国産化が叫ばれるようになり、幕府による砂糖の国産化が具体的な課題となったのである。当初、浜御殿などで試作されていた甘蔗砂糖は、生産は可能なものの、コストが高く、必ずしも社会に適応できるものとはいえなかった。その後、田村藍水の長年の努力によって甘蔗砂糖の試作が成功することで、その主体が田村藍水あるいは池上幸豊へと移ることになる。しかし、甘蔗砂糖の製作当初は実用化にまでは至っておらず、医学者河野三秀により、実用可能な甘蔗砂糖の生産が可能となったのである。このように甘蔗砂糖製作は幸豊だけで改良されたわけではなく、医学者を中心に各地で試作が行われていた。そして積極的に技術の交流がなされたのである。それは、吹上での甘蔗砂糖製法について「製法之秘事口伝なと申事ハ御用ニも有之間敷事ニ申候得者、元雄申候ハ成程左候様ニ而候（砂糖製法を口で伝えるとか秘密ごとなどというのは、御用としてあるまじきことであるというと、田村藍水もなるほどそのとおりだと同意した）」と、砂糖製法の伝播については、砂糖製法を秘密にせず、積極的に流布していくことが大事であるとしていることからも明らかであろう。

また、庶民にまで砂糖を普及することが目的であったことから、意図的に価格を上昇させて、中下層の砂糖消費量の減少を意図した砂糖座設置は公権力としての幕府権力の立場を崩すことになるため、結局受け入れていない。同様の考えで、池上幸豊が出してきた甘蔗砂糖伝播に伴う謝礼金は、廻村の必要資金に当たる金二分に抑えられている。このように、砂糖国産化という事業においては、役所貸付金や池上の開発資金に充当するような利潤追求のための取組は認められず、その製法を広く伝えることを第一義としていたのである。そして、この幕府の国産化政策の対象地として関東を中心とした御料所が位置づけられ、砂糖製法の伝播に精力が傾けられたのである。

池上幸豊を支えた人的関係を紹介してきたが、彼らは成嶋道筑以外に、本草学者（田村藍水、平賀源内）、支配層（田沼意次、井上寛司）、あと甘蔗砂糖栽培者（河野三秀、津田忠右衛門）の三つのグループに分けることができる。三つのグループは幸豊とつながっており、三つのグループが直接有機的につながっているわけではない。ただ、この三つのグループにおいて共通した考えが国益思想であった。甘蔗砂糖の育成において国益であることが共通理解だったのである。

池上幸豊の砂糖国産化の夢は、幸豊自身が廻村した村々だけでなく、西南諸藩を中心に進むことになる。とくに、高松藩領では白砂糖が積極的に生産されている。天保六年（一八三五）には白砂糖の専売制を敷き、讃岐三白の一つに数えられている。むしろ、本来であれば、田畑の既存の耕作地では甘蔗などを植え付けることを禁じられていたはずなのに、稲作よりも甘蔗の方が収益が高いということで、甘蔗砂糖の植え付けが積極的に行われるようになっている。近世後期、全国各地に和菓子製造が行われるようになるのも、こうした砂糖生産が増大したことによるといえるだろう。そんななか、駿河国、遠江国（現静岡県）で製造した砂糖は、稲を作るよりも三倍近い利益を得たという。また、甘蔗砂糖の生産は本来手余り地でしか認められていなかったはずが、本田畑でも生産が行われているというのだ。文政元年（一八一八）には砂糖の生産について本田畑への甘蔗作りを禁止する触れが出されている。このようにしだいに、甘蔗砂糖の生産が積極的になる一方で社会問題を招くこととなり、幕藩制社会を揺るがす問題になっていくのである。

第五章　国益思想の諸相

冒頭でも紹介した通り、近世後期になると国益思想は、池上幸豊だけの思想ではなく、全国に展開した思想として、まさに現在に至る迄重要な思想として続くことになる。

とりわけ、西日本の諸藩では、近世後期になると藩を「国」として理解するようになり、国益を文言として表現することがしばしばみられるようになる。とりわけ、西日本の諸藩では、①藩独自の貨幣=藩札の発行が認められること（貨幣発行権）、②藩内でのできごとに対し、基本的に独自の裁判で対応できること（自分仕置権）、③そして、独自の行政権を有することになったのである。こうしたことから、江戸時代の後半の藩のことを藩国家などとも呼ぶことがある。経済の面では、藩経済自立化のために、殖産興業政策が推進され、「国益」という表現が使われた。そこでは、中央市場としての大坂市場を意識しながら、自藩の自給自足生産の促進（大坂市場からの離脱）と、現金収入のための特産物生産（大坂市場への接近）の二つの動きがみられることになる。とりわけ、後者の特産物生産は藩の利益になることから国益が叫ばれることになったのである。このように国益思想は学問として学者間で浸透した思想ではなく（もちろん、学者の間でも取り上げられるが）、藩領主や民衆の実際的活動のなかで成熟し、当該時代を示し共通理解を得る論理として浸透した思想といえるだろう。こうしたことから、様々な訴願において民衆が主張する論理として使われることが多い。

このように近世後期には全国的に国益思想はひろまった。よって、各所で国益を示す事例は多い。ただ、全てを紹介するわけにもいかないので、本章では筆者の関心に照らしていくつかの事例を紹介しておこう。

一　商人による国益

土佐藩の事例をルーク・S・ロバーツ氏の成果から紹介しよう（ルーク・S・ロバーツ「土佐と維新—『国家』の喪失と『地方』の誕生—」〔近代日本研究会編『地域史の可能性』山川出版社、一九九七年〕）。

土佐藩では、宝暦から明和期にすでに「国益」という表現が使われていたが、土佐の領内を国として意識している。土佐藩内の商人は「国益」という表現を使うようになるが、それは、領国の商業や産業経済の改善を強調し、輸入の制限を求める一方、領国からの輸出を奨励し、新産業を発展させようとする新しい政治経済思想を展望したものであった。そして、領主の「御為」よりも、むしろ国の利益を示す意味として「国益」を公共性のシンボルとする傾向があったという。その場合の国とは、貿易産業に基づく経済国であり、国主の任務はそれを発展させることであった。

その後、天明～文化期になると、領国の侍役人は商人の国益思想を採用するようになり、国益思想は領国支配者のイデオロギーになったと評価できる。

このように「国益」という表現が登場することでロバーツ氏は、日本（幕府）ではなく土佐が国であるとし、自立した地方（地域）の登場として評価したのである。

二　工藤平助の国益思想

ベティーナ・グラムリヒ＝オカ氏は、宝暦・天明期にみられる国益について、「国の繁栄」という重商主義的理解、一経済単位としての国家の利益という理解など、様々な理解が示されるようになると指摘している（ベティーナ・グラムリヒ＝オカ「仙台藩医工藤平助と幕府の政策」〔『日米欧からみた近世日本の経済思想』岩田書院、二〇一三年)。こうしたなか、仙台藩の藩医であった工藤平助の国益思想を紹介している。工藤平助はロシアとの貿易や蝦夷の植民地化を論じる時に国益という言葉を用いた。とくに貿易を通じたロシアの領土拡大を紹介し、ロシアの拡大政策をモデルにし、幕府が富と権力を得るために対外貿易を推進すべきであると説いている。この時の論理的根拠が国益であったと指摘する。この場合の国益の「国」は、幕府や藩ではなく「日本対他国」という、外国と対置した日本を国として理解したところに特徴があったとする。

三　広島藩での国益思想と殖産興業政策

広島藩は西日本のなかでも大藩であり、国産奨励政策を積極的に推進した。この点は、藤田貞一郎氏も土井作治氏の成果を紹介しながら「広島藩の国益政策は一八世紀以降において、宝暦・天明期、文化・文政期、幕末期の三段階に分けられ、それぞれ特徴ある政策が行なわれている」と述べている(藤田貞一郎『国益思想の系譜と展開』清文堂出版、一九九八年)。とくに、文化文政期は、藩札を利用した積極的な殖産興業政策が推進された時期である。具体的には三つの方法によってなされていた(拙稿「幕末期広島藩藩札と大坂商人」(『事例で見る江戸時代』すいれん舎、二〇〇六年)）。すなわち、藩札発行を資金として利用した、①領内の干拓・開墾による生産規模の拡大（土地開発）、②生産資金の貸与による国産諸品の開発と買上げ保証（国産奨励）、③国産品の他国売りルートの確保と売上銀の銀札払いの円滑化（流通統制と藩札通用の徹底）があった。これらの取り組みは、単に藩が主導的に行ったものではなく、豪農の意見書なども反映させ、彼らの意見を踏まえた上で、銀札による資金投与によって実現したものである。そこでは、紅花の育成など、自然条件などにより不成功に終わっているものもあるが、木綿・藍や養蚕などはこの時期の藩の国産奨励政策のなかで商品生産を可能にしている。とりわけ木綿は「御国産第一之品柄」と称讃され、「安芸木綿」といわれ近代以降の地場産業として発展している。つまり、①国産奨励という自然条件に適した商品作物生産の育成、②藩札による資金投与、そして、③それらの理念である国益思想が重なって、広島藩の経済政策を推進したのである。

ただし、藩札発行自体は幕府の許可を必要とするものの、幕府が藩札発行を許可すると、藩札発行高については各藩に任されていたため、財政不足や殖産興業資金に藩札発行で対応することになる。結果、大量の藩札発行によって、広島藩の藩札は信用を失い、ハイパーインフレを起こし金融危機を招いている。結局、弘化四年（一八四七）には四十掛による改印札の発行（四〇匁の藩札を一匁の新たな藩札に交換する）。さらにそれでは解決できず、五年後の嘉永五年（一八五二）には五百掛による改印札（五〇〇匁の藩札を新しい藩札一匁に交換する）が発行される事態になっている。

このように国益思想を思想的基礎にもつ国産奨励策は、藩札発行（資金投下による金融政策）と重要な関係があったが、藩札の大量発行による金融危機を招くこともあったのである。

四　民衆の論理としての国益

国益の論理は藩益として、藩当局が主張する論理としてだけではなく、商人や村々においても使われるようになる。本書で扱った池上幸豊の例もこれに類する。とくに村々が国益という表現を使う場合は、訴願の時である。様々な場面でみることができるが、私自身も、地域で国益論理を利用し争論になっている事例を紹介したことがある（拙稿「十州休浜同盟の展開と芸備塩田」〔『近世瀬戸内塩業史の研究』校倉書房、二〇一〇年〕）。この争論の事例を紹介しよう。

広島藩の塩田の話である。江戸時代の塩田は入浜塩田が瀬戸内各地に開発された。塩は生活必需品でありながら、自然条件や入浜塩田の立地条件に恵まれた瀬戸内地方で多くの塩田が開発されたが、十八世紀中頃になると塩の生産量は過剰となり、塩浜の景気も悪くなる。この時、行われたのが休浜法である。一定期間、製塩作業を休業することで、塩の生産量を抑制したのである。この休浜法は藩領域を超え瀬戸内各地の塩田と休浜同盟として盟約を結んで実行された。自分の塩田が休浜を遵守しても、他の塩田が守らなければ、結局塩の価格は安いままだし、自分の塩田の生産量が減るだけであれば経営が苦しくなってしまうのだ。こうしたことから、広島藩では、休浜法は国益であるとし、藩法にもなっている。「休浜をすることが国益である」という国益を主張する論理が展開されたのである。

ところが、同じ広島藩の塩田のなかで休浜法を守らない塩田が出てきた。生口浜という瀬戸内海の生口島の塩田の人々である。理由は、休浜法をすると、製塩量が少なくやっていけないというのである。つまり、零細な塩田にとって休浜法を実施すると経営的に問題があり、潰れてしまうと主張したのである。この場合の論理は、「生業を守って欲しい」ということであり、これはこれで、江戸時代初期から存在する、年貢を納め諸役を務めている地元民が領主に対して主張する重要な論理であった。江戸時代で封建領主が年貢や諸役を課している以上、地域住民の生業を守る（御救い）という論理は領主制を維持する上で重要なことなのである。

このような「生業を守って欲しい」と、生業維持の論理を主張し休浜法を破談しようとする生口浜と、「休浜法を維持することが国益」と国益の論理を主張し休浜法の遵守を主張する広島藩領の他の塩田との間で争論が起きている。結局、広島藩（公権力）では解決できず、生口浜が作業期間を一か月延長する代わりに、他の塩田はその分、休浜期間を延長することで調整している。

このように国益の論理は藩の利益であることと、休浜同盟の統合の論理として位置づけられるが、「御救い」を主張しながら地域存続を主張する論理が存在し、これらは併存することもあれば、利害の不一致をみることで対立することもあったのである。

五　幕末期、関東での国益思想

万延元年（一八六〇）三月、幕府外国掛の大目付、目付により産物方の設立計画が上申されている（拙稿「幕末期商品流通の展開と江戸・関東」〔『近世の地域経済と商品流通』岩田書院、二〇〇七年〕）。これは、国益主法掛のもとで行われ、翌四月に設置された。この国益主法掛は、①三〇〇石以下の旗本、御家人に対する救済策、②物価引下令の発布、③荒地の起こし返し（荒地の再開発）、④鋳銭計画、⑤陶器輸出の奨励、⑥器械製造計画、⑦玉川上水の水門付替工事、⑧糸価調節などを目的として設置したものであった。こうしたなか、産物会所設置が進められるが、特徴として三つの点があげられよう。

一つは、関東および伊豆・甲斐・信濃は御料・私領・寺社領にかかわらず一円的に政策対象地域（国益仕法掛）となっているという点である。万石以上の大名に対する国産品を集荷するようにし、関東およびその周辺地域における地域は一円的に江戸に集荷する体制をとろうとしたのである。第二は、関東では畿内からの物資を期待していないという点である。つまり、畿内で生産した諸品の江戸への送荷を対象としておらず（下り物を期待しておらず）、大坂市場を基調とした畿内市場は、そのままとする方向を含んでいたということである。そして第三に、この二つの点を含めながら検討すると、こうした国益仕法掛が推進した産物統制政策は全国市場の起点として存在した大坂市場を一つの畿内市場の基点としながらも、もう一つ江戸を全国市場の拠点とする集散市場を志向し、それを幕府自身が掌握するといった構想が浮かび上がってくる。つまり、この時期、幕府自体も、幕府が中央市場として掌握していた大坂市場からの離脱を意図し、江戸を中心とする中央市場の形成を目指したのである。そして、それが、この時の幕府にとって国益と考えられたのである。ただ、結果としてそれが具体化されることはなかった。文久二年（一八六二）二月に国益主法会所を設置し、五月に会所が開設され、御主法方会所係役人が事務を執ることになるが、結局半年ももたたない七月には廃止されている。

この事例にみられる様に、幕末期、国益という表現が幕領においても使われている。江戸に関東一円の国産品を集荷させ大坂市場（中央市場）からの離脱を意味している点では、国益に含意する考え方は同じといえるだろう。また藩領・旗本領・寺社領を超えて国としての単位で表現し、独自の経済圏の形成を志向している点は、幕末期関東の支配編成と経済政策の特質を示している。

終章　近世国益思想の形成・展開

最後に、本書のタイトルである「国益思想の源流」という点に注目しながらまとめを述べて行くことにしよう。

一　十八世紀前半（享保期）——海中新田開発——

「国益」という文言を筆者が具体的にみた初見は、享保十四年（一七二九）、池上幸豊の父に当たる幸定が書いたといわれる「新田開発条々」である。宝暦期頃になると、土佐藩のような藩領国でもみられるようになるが、享保期にさかのぼる事例は管見の限り皆無である。本書のタイトルは『国益思想の源流』という大きなタイトルにもかかわらず、池上幸豊という一人の人物にスポットを当てた理由はそこにある。個人の活動や思想でありながら、彼の動向は国益思想を探る上で重要な意味がある。かかる点を中心に据えつつ、当時の時代像を紹介しよう。

池上幸豊の活動をみる時、近世中後期の砂糖業は、輸入防遏、国内自給自足を基調とした国産化が図られている。その意味で、砂糖の育成や伝法が国益であることは納得のいくところである。ただ、注意したいのは池上家の史料を注視すると、池上幸豊の先代である幸定が新田開発のことを国益であると評価している点である。この点に留意しながら、「国益思想の源流」について探っていくことにしよう。

池上幸豊の思想は父幸定の享保十四年（一七二九）「新田開発条々」で記載されている理念が引き継がれたものといえるだろう。享保期は、徳川吉宗将軍のもと享保改革が推進され、実学が積極的に推奨されると共に、新田開発が推進されている。新田開発事業を具体化するために武蔵国多摩郡押立村名主である川崎平右衛門を登用するなど、兵農分離制の身分制のなかで身分的上昇もみられている。隣接する川崎宿の名主役であり問屋役であった田中丘隅は成島道筑を介し徳川吉宗に『民間省要』を献上している。また、徳川吉宗は本草学などといった実学を奨励し、全国的な物産調査も行った。

こうした時、池上家において家訓として作成されたのが「新田開発条々」であった。これは、これまでの池上家の家訓に当主である幸定の意見を添えたものである。その内容を国益思想の源流としてみた時、以下の三つの点を指摘できる。

一つは、池上家が代々推進した海中新田開発の思想を国土拡大に求めているが、それは一時的なものではなく、永代を展望する事業であるとしている。そして、それを幕藩領主や一般的な土地開発に求めるのではなく、『古事記』・『日本書紀』の国産み神話に求めている。このように海中新田開発は海から田畑を生み出し、耕作地の拡大による収量増加に意義を見出すだけではなく、神代以来の国土拡大に求めている点は注目できるだろう。

そして二番目は山師に対する反発である。山師は投機的な事業をして金儲けを目論む人のことで、藤田覚氏によれば「田沼時代は『山師』の時代」と述べている。ただ池上幸定、幸豊にいわせれば、山師は経済のことを語っているものの、それは経世済民思想とは別であると厳しく批判し、その違いは倹約と吝嗇のようなものだと述べている。その上で、在地に根差した担い手による経済を志すことこそが大事であると述べている。つまり、単に投機に走る山師の活動に対する反発の理念として池上幸定、幸豊は私利としてではない国益を主張したともいえるのである。

もう一つ注目できるのは、世のため、人のために何をなすべきかを考えずに安楽に時を過ごし、衣食のみに時を過ごす人たちのことを国賊とまで厳しく批判し、善行をほどこし分相応に人に恵みをほどこすべきとの必要性を説いている。そして、善行をほどこす器量がないとすれば、人から学ぶことが大事であると述べている。つまり、「年貢さへすまし候得ば、百姓程心易きものは之無く……」というような封建思想とは異なる、成長を目指し、元来もっていた海中新田開発の技術を発展させるべく学ぶことの姿勢を説いている。実際、池上幸定、幸豊は、成島道筑に多くのことを学んでいる。

同じ時期、成島道筑が池上幸豊に伝えた「墾田の古法」によれば、実学を奨励し、宗教や儒教などの道徳を学ぶだけで自然の水や土の原理に無関心なことを批判し、食貨（食料や貨幣＝経済）は経済規模の拡大に従い、物産が不足する。飢饉になると多くの人々が苦しむことになると述べている。

こうして考えると、享保期頃に登場した国益の具体策は、海中新田開発に伴う国土拡大といえるだろう。その意味で、享保改革の新田開発政策の延長線上にあったともいえるが、しかし国土拡大の発想は神代以来の国産み神話に求められている。それはまた当時登場していた一時的な利益を主張する投機的活動をする山師に対する批判的理念でもあったのである。そして、安穏と時を過ごすことができる安定的な社会を目指した封建思想ではなく、より積極的に殖産に取り組む必要があると説き、成長する社会を理想とするなかで登場するのである。

二　十八世紀中頃（宝暦天明期）―砂糖国産化―

1　池上幸豊の甘蔗砂糖の育成・伝法の視点から

十八世紀中頃の田沼政権は国益思想が幅広く展開されるようになった時期である。田沼政権は、新田開発政策や殖産興業政策についても実学を発展させたものであり、また株仲間の公認も、享保期以降の仲間組織を認めることに端を発するものであり、経済政策の面で述べると、吉宗政権を引き継いだものといえるだろう。この点は、当時、権勢をふるった田沼意次の父意行が紀州藩士であり、吉宗の将軍着任に伴い、江戸に着任した紀州系幕臣であったことからも、その系譜は確認できる。田沼意行は役職としては小納戸役の頭取になっているにすぎない。ただ注意したいのは、田沼意行は将軍吉宗に命じられて成島道筑や磯野政武と共に冷泉為綱のもとに入門している。彼らは、田沼時代において池上幸豊が甘蔗砂糖の育成・伝法をするのを後押しする強力な人的ネットワークを形成している。

砂糖国産化における国益の意味について、池上幸豊の取り組みから三つの点を指摘しよう。

一つ目は幸豊が甘蔗砂糖を育成する背景は、貿易問題である。その意味で、甘蔗砂糖の国産化は、国家における輸入防遏を意図したものであり、この点で国益が指摘されるようになる。

二つ目は幸豊の伝法先から国益事業の範囲を考えると幕府領と街道筋ということになる。国益という国家的課題であったとしても、その影響を直接及ぼすことができる範囲は幕府領ということになる。

そして、三つ目は、先の「墾田之古法」でも指摘したことだが、自然の水や土の原理に無関心なことを批判している。その意味で、耕作地には稲作や五穀を植えるだけではなく、商品作物の適地をみきわめ、それらを育成する必要性を説き、それが国益であると述べている。この点が殖産興業の第一歩となり、また幕藩制的な農政思想からの転換としても指摘できるだろう。かかる視点は、海中新田開発の思想としては具体化されないものの、この甘蔗砂糖の育成において具体的な取り組みとして位置づけられる点である。

こうして考えると、この時期における池上幸豊の国益思想は、自身の精神的な支柱として位置づけられていたことがわかるのである。

かかる国益思想は池上幸豊の活動を支えた人々においても共通した理念として存在していた。

まずは、池上幸豊の和歌の師匠であり、冷泉家の門下生へと幸豊の入門を推薦した成島道筑である。同氏の言葉からは、国益という文言を見出せないものの、和歌による国学に精通し、「墾田之古法」においても、封建思想を超えた発想を示している。また同門であった田沼意次はもちろんのこと、礒野政武なども池上幸豊の甘蔗砂糖育成事業を支えている。

田村藍水や平賀源内も、本草学者として造詣が深かった。田村藍水自身、甘蔗砂糖以外にも、人参先生ともいわれ、朝鮮人参の育成にも尽力している。その意味では、将軍徳川吉宗以来の実学や物産国産化の流れを引き継いだものといえるだろう。彼らが国益思想を有していたか否かは別として現実にはこうした国益思想の流れを汲んでいたと考えてよいだろう。

そして田沼意次についてである。彼については本文中でも紹介した通り、用人井上寛司を通じて、砂糖伝法の際に、「寛司殿被申候は、右書付入御覧候所、御国益之筋今以相見不申候間、聢と御国益之趣相知候上ニて、此義御言葉被添可被下由、先右書付御返し被成候由ニて被渡候ニ付」と、訴願文書に「国益」という文言を添えることを指示しているように、「国益」を好んで使うように指示している。ある意味、国益であることが田沼意次政権期における政策基調であったともいえるのである。

そして、砂糖育成を行っていた河野三秀や津田忠右衛門についてである。彼らもまた砂糖育成は国益であることを認識している。また、河野三秀は甘蔗砂糖育成について自身の取り組みが困難になった段階で、池上幸豊に製法や甘蔗種など一切を提供している。つまり、国益としての取り組みができなくなった以上、他の人に技術などを提供することで砂糖国産化事業の継続を示している。ある意味、私利の商売であれば、店をたたむだけでよいのかもしれない。国益であるからこそ、自身のノウハウを引き継ぎ、継続性を目指すという行為がみられるのである。

三　十九世紀前半―全国への展開―

近世における国益思想を議論する時、しばしば取り上げられるのが、文化・文政期である。とりわけ西日本諸藩において藩札発行が積極的に行われ、殖産興業が展開されるなかで国益思想が育まれることになったのである。

この藩領国で展開された国益思想の特質は、①幕藩制社会を前提としながらも相対的に自立した藩国家の成立を前提とし、②（自給自足経済を基調とした）藩領国経済を形成するとともに、中央市場へと新たに再編成することとし、③国家と民衆の両者の発展という三つの点を指摘できる。

すなわち、藩は、財政権、自分仕置権、行政権を果たすなかで、藩国家（藩＝国家）を形成し国益思想を育んでいったものといえるだろう。その場合、流通的には藩における地域的利益と、藩内自給自足政策（藩への輸入防遏）、さらには、特産品の中央市場への積極的参入の三つの側面から理解できる。そして、それは「国産相増上下之益（国産品が増え、領主も民衆も利益になること）」と、領主と農民（民衆）のいずれの利益も期待できたのである。国益思想の考えには、「民富めば国富む」という考えと、「国富めば民富む」という考えの二側面があるが、いずれにせよ、国と民の両面の富の蓄積を議論したものといえるだろう。その意味で国益思想は、領主に対し年貢・役を納めることを基本とした領主―農民関係（封建的関係）とは質を異にしたものになっている。それは、いいかえると、領主の利益（御為）ではなく、国の利益（国益）ということが重要だということである。それは、近世前期、訴願の文面にしばしばみられた「（領主への）為筋」ではなく、「国益」として表現されるようになることからも明らかである。

ただ、この時期の国益は宝暦天明期（田沼時代）の国益と若干性格を異にしている点にも注目しておきたい。つまり、宝暦天明期は国益を考える時、幕府（藩）も民衆も国家の問題として相対的にとらえていたが、この時期の国益は、藩（領主）と民衆がそれぞれ分けられた上で、両者の利益の問題としてとらえられている点である。この点は、田沼時代における幕府、藩、農民、商人、学者などが身分制を超えて一体化していたものとは異なり、寛政期以降の武士と民衆の支配―被支配関係が再編成されて新たな関係（秩序）へと質的に変容したためと考えられるのである。

なお、かかる国益思想は、近世後期の商品作物生産を助長したものとして位置づけられ、近代以降の在来的発展の基礎を築いたものとして評価できる。ただ、逆に五穀生産を基調とした田畑においても、他の商品作物生産が推進されたことでモノカルチャー化が進むことになる。結果、幕末にみられる天保飢饉は三大飢饉の一つとして数えられるが、単に自然的原因ではなく、こうしたモノカルチャー化が一つの社会的な要因としてあったとも考えられるのである。

また、藩札発行による資金融通の方法は、一定の藩経済の成長をもたらしたのは事実だが、最終的には藩札の濫発が悪性のインフレ（ハイパーインフレーション）を招く原因にもなっている。その意味では、国益思想にある、「領主と農民（民衆）のいずれもが利益をもたらす」という理念は実態ではなく幻想でしかなかったのである。実際、藩札の発行は藩の財政窮乏に対する補塡としてなされることが多い。国益理念を前面に出し国産奨励を推奨した広島藩であっても全藩的合意が得られていたわけではなかった。広島藩の儒学者である頼杏坪は、『礼記』に記されてある「量入為出（入るを量りて出ずるを為す）」と支出と収入のバランスが重要であるという主張を展開し、国益思想の「上下之益」の理念に対しても『孟子』の「梁恵王章句」にある「上下交征利而国危（しょうかこもごも利をとらばすなわち国危うし）」と上（領主）も下（民衆）も入り乱れて利益を争い合うことになり、国家が危うくなると述べている。

いずれにせよ、近世初期から存在した、「田畑に五穀を植え、五穀を生産し、年貢を納めさえすればよい」という封建的な理念を乗り越え、十九世紀前半に全国で広く展開した国益思想は、国を富ませ、民衆も富む理念として幅広く受け入れられたのである。

ただ、ここで注意しておきたいのは、近世初期から存在している御救いを基調とした領主制的な原理が近世後期になると国益思想にとってかわられたかというとそうではない。幕藩権力を中心とした封建領主は、検地に基づく年貢・諸役を基調としていたため、近世を通じて領主制的な役割を果たす必要があったし、また民衆からもそれを求められていたのである。だから、近世後期の地域には、御救いにみられる領主制的な論理と、国益にみられる小国家的な論理の二つの論理が併存していたのである。この二つの論理について、当該地域において利害が一致している時には問題ないが、一致しない場合には正当性を争う主張として争論の論理として使われることもあったのである。

こうした国益思想は、藩領域のみで育まれたわけではなかった。畿内や関東には、藩領・旗本領・寺社領などが分散入組の支配編成がみられるが、こうした支配編成単位を乗り越えた地域の表現として国が使われ、地域益としての国益が登場するようになるのである。しかも、関東の場合は大坂市場からの自立を目指す東日本経済圏や地廻り経済圏を示す表現として国益が指摘されるようにもなったのである。

こうした仁政を基調とし地域益を意図した封建領主による国益の理念は、近代以降になると明治国家の富国強兵を基調とした理念に吸収される。そして、対外的には国を地域とした地域益としてのキーワードとして、また民衆に対しては強制力を発揮する公共的利益のキーワードとして国益が存在することになったのである。

参考文献

赤穂市史編さん委員会（『赤穂市史　第二巻』一九八三年）
大石慎三郎「宝暦・明和期の社会」（『日本歴史大系3　近世』山川出版社、一九八八年）
大石　学「薬草政策と疫病対策」（『吉宗と享保改革』東京堂出版、一九九五年）
ベティーナ・グラムリヒ＝オカ「仙台藩医工藤平助と幕府の政策」（『日米欧からみた近世日本の経済思想』岩田書院、二〇一三年）
落合　功「幕末期広島藩藩札と大坂商人」（『事例で見る江戸時代』すいれん舎、二〇〇六年）
落合　功「幕府国産化政策の特質と池上幸豊」「池上幸豊の国益思想と海中新田開発」「幕末期商品流通の展開と江戸・関東」（『近世の地域経済と商品流通』岩田書院、二〇〇七年）
落合　功「十州休浜同盟の展開と芸備塩田」（『近世瀬戸内塩業史の研究』校倉書房、二〇一〇年）
落合　功「近世中後期における村役人のネットワーク」（関東近世史研究会編『関東近世史研究論集3　幕政・藩政』岩田書院、二〇一二年）
落合　功「砂糖国産化と国益思想」（『日米欧からみた近世日本の経済思想』岩田書院、二〇一三年）
川崎市市民ミュージアム『大江戸マルチ人物伝　池上太郎左衛門幸豊』（二〇〇〇年）
川崎市市民ミュージアム編『池上家文書一～五』（一九九四年～二〇〇四年）
川崎市役所編纂『川崎市史　産業編　徳川時代』（一九三八年）
久保田啓一「江戸冷泉門と成島信遍」（『近世文芸』四四号、一九八六年）
久保田啓一「川崎池上家『京進書札留』抜書―冷泉門人池上幸豊の四十年―」（『近世文芸』五六号、一九九二

年）
栗田元次『新井白石の文治政治』（石崎書店、一九五二年）
斉藤　司『田中休愚「民間省要」の基礎的研究―将軍吉宗への政策提言書の構成と内容―』（岩田書院、二〇一五年）
佐々木潤之助「宝暦・天明期」（『国史大辞典』第十二巻、吉川弘文館、一九九一年）
正田健一郎「日本の経済政策思想」（社会経済史学会編『社会経済史学の課題と展望』有斐閣、一九九二年）
谷山正道『近世民衆運動の展開』（高科書店、一九九四年）
田谷博吉「元禄・宝永期の改鋳と銀座」（『近世銀座の研究』吉川弘文館、一九六三年）
中道　等『従五位　池上幸豊小伝』（池上文庫、一九四〇年）
新倉善之「日蓮の入滅と池上氏」（『大田区史』上巻、一九八五年）
深谷克己『江戸時代の身分願望』（吉川弘文館、二〇〇六年）
藤田　覚『田沼時代』（吉川弘文館、二〇一二年）
藤田貞一郎『近世経済思想の研究』（吉川弘文館、一九六六年）
藤田貞一郎『国益思想の系譜と展開』（清文堂出版、一九九八年）
藤田貞一郎『近代日本経済史研究の新視角』（清文堂出版、二〇〇三年）
マイケル・ポラニー『暗黙知の次元』（紀伊国屋書店、一九八〇年）
マルコ・ポーロ『東方見聞録』２（平凡社、一九七一年）
真栄平房昭「中世・近世の貿易」（桜井英治・中西聡編『流通経済史』山川出版社、二〇〇二年）
宮崎安貞『農業全書』（岩波書店、一九三六年）
村上　直「大久保石見守長安」「川崎平右衛門定孝」（『江戸幕府の代官群像』同成社、一九九七年）

村上　直編『江戸幕府八王子千人同心』（雄山閣出版、一九八八年）
望月一樹「池上幸豊と近世砂糖生産（一）（二）」（『川崎市市民ミュージアム紀要』第一四集、第一六集、二〇〇二年、二〇〇四年）
藪田　貫「『摂河支配国』論」「国訴・国触・国益」（『近世大坂地域の史的研究』清文堂出版、二〇〇五年）
吉岡　孝『八王子千人同心』（同成社、二〇〇二年）
ルーク・S・ロバーツ「土佐と維新―『国家』の喪失と『地方』の誕生―」（近代日本研究会編『地域史の可能性』山川出版社、一九九七年）
『重修本草綱目啓蒙』（『古事類苑　飲食部』神宮寺庁、一九一三年）
「水鳥記」（『江戸叢書』七、一九一六年）

あとがき

初校を終えたところである。思えば、本書の企画のお誘いを受けたのは八年前のことである。私事ではあるが、まず最初に本書執筆に至る経緯を申し上げたい。それは、村上直先生が生前に「池上幸豊で是非書いて欲しい」とのお手紙を受け、引き受けたことからはじまる。同成社の江戸時代史叢書は多くの仲間が執筆しており、親しみのあるシリーズであった。そもそも同シリーズの第一巻である村上先生が執筆された『江戸幕府の代官群像』は、私自身が新刊紹介を執筆している（『多摩のあゆみ』八七号、一九八七年）。また、江戸時代史叢書は研究などで取り上げられる特定なテーマを素材としながら、それを平易な内容で紹介している。歴史研究の成果を市民に伝える場合、概説書が一般的であったので、同書の趣旨には共感をもっていた。その意味でも、同シリーズに自分の本が加わることは望外の喜びでもあった。

村上先生とは、自分が大学院時代から大変お世話になっていた。当時、私が所属していた中央大学大学院は、対外関係史の研究が盛んであり、産業史や農村史に関心のある大学院生は少なかった。ただ、その一方で、学外で活動することに理解があり、このため様々な学会や調査に顔を出すことができたし、また多くの先生方にご指導を仰ぐことができた。これは、自分にとって財産だし、今も心の支えになっている。

法政大学の教授をされていた村上先生は、「(私の指導教授である)藤野先生とは昔から懇意の仲だった」と、とても親しくしていただいた。さらに、同じ川崎市民ということもあり、大事にしていただいたのかもしれない。川崎市の研究会にも声をかけていただいた。その研究会で報告した一部は『近世の地域経済と商品流通』(岩田書院、二〇〇七年)に収録されてある。

当時行われていた川崎市史の編纂事業でも、自分は近代編の調査員として参加していたのだが、近世編の一部を執筆させていただく機会を与えて下さった。その後、広島修道大学に就職した後も、「川崎市市民ミュージアムで池上幸豊の企画展をするので協力して欲しい」と声を掛けていただいた。こうしてお声を掛けていただけたことで、同館の望月一樹学芸員の依頼を受け図録の解説を書かさせていただく機会を得ることができた。また、本書にも関わる内容について、望月学芸員から多くのことを学んでいる。

一度だけ、同成社で打ち合わせをし、あとは原稿を書いたあとに詰めていくということであった。それから八年。ことあるごとに同成社からお誘いを受けていたのだが、腰が重いというのか、怠惰というのか、とにかく、遅くなってしまった。この間、村上先生は他界し、何とも不義理を悔いるばかりである。書けない時は「こんなに忙しいのだから」と自己弁明をしてしまうのだが、書いて初校までくると、「何故、もっと早く書けなかったのか」と悔いを残してしまう。やむを得ないことではあるが、過ぎゆく歳月を感じざるを得ない。

本書は「専門家にも手に取ってもらいたいが、できるだけ、関心のある多くの方々に読んでもらえる本にしたい」というのが出版社の意向であった。こうしたこともあり、史料をあまり掲載せず、また、史料があったとしても、できるだけ意訳を付すようにしてある。カギカッコの史料などの引用後にカッコがあるのは、筆者による注記や訳文である。参考にして欲しい。ちなみに、これまでの自著ではできるだけ史料そのものを掲載することが多い。これは、都合の良い史料だけで判断してもらわないようにすること、そして、史料そのもののもつ迫力や史料の全貌から理解してもらいたいということがねらいであった。その点、今回の著書は、これまでの自身の成果（最後の参考文献を参照して欲しい）を基礎に作成している。よって、史料についての詳細はそちらを参照して欲しい。

あわせて、参考文献は、巻末にも一括してあるが、基本的には本文中に入れてある。参考にされたい。また、本書はかかる性格のものでもあり、様々な成果を引用しているが、論文や成果ではなく、書き下ろしである。また、同成果は日本学術振興会（ＪＳＰＳ）の科学研究費基盤研究（Ｃ）１６ｋ０３０５７「近世後期における砂糖業の展開と地域経済」で助成を受けた成果の一部である。

実は、もともと私は「国益」が関心のテーマではなかった。むしろ、私にとって、近世の転換期（宝暦天明期）の社会状況を明らかにすることに関心があった。また自分の関心は塩業史であり、地元、川崎市の仕事に携わるなかで、「砂糖」に関心が惹かれたというのが率直な感想である。そのなかで出てきたキーワードが国益であった。最初の勤務先が広島修道大学商学部であり、担当科目が日本経済史であったことから、国益思想の問題を経済思想の問題から考える必要が出てきた。そんなおり、日本経済思想史研究会の例会で報告する機会を得、小室正紀先生に評価していただき、意を強くしたことを覚えている。研究成果は参考文献一覧の拙稿を参照されたいが、国益思想を考える上で、大きなヒントや議論を得る機会となったのは、海外である。とくに二〇〇八年にドイツのブラウボイレンで開催された「日本における経済思想史」というテーマで報告した Sugar production and kokueki-thought という報告。その時の議論を整理し、翌年米国コロンビア大学で開催された Economic Thought in Early Modern Japan というシンポジウムでは The shift to domestic sugar and the ideology of 'the national interest' というタイトルで報告している。これらの成果は、Bettina Gramlich-Oka and Gregory Smits *Economic Thought in Early Modern*

Japan Brill Academic Publishers, 2010 にまとめてある。なお邦文は川口浩・ベティーナ・グラムリヒ＝オカ編著『日米欧からみた近世日本の経済思想』（岩田書院、二〇一三年）で刊行してある。この時の議論は、英語の苦手な自分にとって正直、消化不良な点もあったが、それでも意外な質問や議論には研究心を刺激することが多くあった。また、報告後に見知らぬ先生が私のもとに寄ってきて'Good Job'と声を掛けられたのは嬉しかった。関連する議論は、他にも、タリン大学（エストニア）で開催された The 13th International Conference of EAJS で A village headman's network and the ideology of "national interest" で報告している（同成果は、『修道商学』五二―二、二〇一二年に掲載）。これらの海外での報告は海外での日本への関心のテーマや反応を知る有益な機会であった。その後も機会を得るごとに海外に行くようにしているが、日本に関心をもっている学生や研究者と接する重要性を感じている。

自分が国益思想を考える時、経済政策の重要性と経済政策思想という点と二つの点を念頭に据えている。

一つ目の経済政策の重要性については、自身の海外経験による。そこで感じたことは、価値観の違いである。自然、国家体制など様々な環境の違いのなか、各国それぞれで思想（考え方）も異なっている。もちろん、日本国内の人々でも思想は異なるが。

こうしたなか、貧富の差が大きい国をみて、「もっと○○すれば、富が再分配されるのに」とか、経済合理性とは異質な行動パターンをする国では「何故、こんな風に考えるのだろう」などと感じることがあった。もちろん、日本の几帳面さや道徳など国内にいると当然であるということも世界レベルで考えると普遍的な考えでないことも痛感した。そういう意味で、私は経済政策の重要性が大切だと思っている。ちなみに、この点については教育も重要であると認識している。この教育の重要性については本論と少し離れるので、ここでは述べない。

日本近代において経済政策を推進した人物といえば、大久保利通、松方正義、井上準之助、高橋是清などがあげられよう。成功したか否かの歴史的評価は別として、彼らには明確なビジョンがあったことは確かだろう。

経済は数量によって規定される点は否定しない。むしろ、「経済合理性」という一定のルールのもとすべての人々が行動するのだから、ある意味で公平である。それを政府が特定の意図で巧みに操ろうとするのが経済政策である。ただ気を付けたいのは経済政策を推進する時、全国民に利益を与えられるとは限らない。むしろ、一部の国民が利益を得ることがあっても、他方の国民は損失を被るというのが正しいだろう。ただ、そのリスクを負ってでも経済政策を推進するのであれば、重要なのは「その先に何を展望しているか」という点である。身近な結果ではない。もっと先のことである。その根底を支えるのが経済思想（経済政策思想）といえるだろう。もっといえば、経済は数量によって動くものを敢えて人為的な意思＝経済政策によって方向性を示すことになる。だからこそ、政策には責任が伴うということだ。歴史的に経済政策思想を考えることは、とても重要なテーマだと考えている。

執筆を依頼された時点の話をしよう。私は当時、「国益思想の源流」というテーマに対する回答は、砂糖の輸入防遏による国産化であり、それが国益であるというような回答を考えていた。藤田貞一郎先生の議論の対象は藩国家であったが、それを私は日本全体の問題として考えていたのである。実際、藤田貞一郎先生の議論も国益の背景には、藩国家の成立と、中央市場からの離脱と藩内自給自足への指向性、そして殖産興業という三つのキーワードを指摘するが、砂糖の問題をキーワードにした場合も、幕藩制国家の成立、鎖国制による国産化の指向性、殖産興業政策（実学への指向性）という点で同類だったからである。おそらく、砂糖の国産化のことを国益と指摘する思想的背景はそれでよいだろう。ただ、宝暦期には藩においても国益という表現がすでに出ているということ、そして、そもそも享保期に池上家文書の史料中に国益という文言が出ている。これらのことを事実から改めて検討する必要が出てきた。この点を明らかにしたことが本書の積極的な理由であり、新たな見解である。もう少し前に本書を刊行していたら、恐らく、こうした発想には至らなかったと思っている。

内容の詳細は本書を参照していただければと思うが、池上幸豊は海中新田開発を国益として考えていた。そしてこの国益という考えの源は、一つは年貢や役さえ務めていさえすればよいという保守的な発想に対する反発があった。そのようなやる気のない保守的な人たちのことを「国賊」といいきり、善行をほどこし分相応に人に恵みを与えるべきであると述べている。また、同じように、経済活性化を意図した幕府の政策に乗じて、投機的活動を行う「山師」に対しても厳しく批判し、村役人や百姓たちの合意を得た在地に根差した新田開発事業を目指している。そして、それらに基づいた新田開発事業（さらにいえば経済活動）こそが国益であるとしたのである。

また、もう一つ、いわゆる田沼時代は「国益」をキーワードにしていた点にも注意したい。池上幸豊（在地の村役人）の思想としてだけでなく、田沼意次の用人井上寛司から、「（訴願などに）国益という文言を用いるように」と指導されているように、訴願の正当的論理として国益であることが重要であったのである。言い換えると、儒教的論理とは異質な国益論理が重要視されたということだ。それは、側用人から老中にまで登りつめた田沼意次と彼らを支える政治集団が、他の伝統的な幕臣層と対抗する論理でもあったと考えられるのである。もう少し述べると、田沼家も八代将軍吉宗の側近であり、その意味で新田開発事業や実学奨励など吉宗の政策を引き継いでいる。ただ、それに伴ない田沼意次やその周辺の政治集団を支えたのは、町人、村落上層民・学者など身分制を超えた人達だったのである。しかし、吉宗政権期は政策を遂行できて、田沼政権期は反発を受けることになった。これこそ、正に、その政策主体が将軍であるか否かの違いといえるだろう。

国益思想は近世後期に全国的に展開するが、その場合、各藩の国産奨励政策と関連して行われる。藩札を大量に発行することで、開発資金や殖産興業資金に充て、藩内自給品を増やすと共に特産品を作る事となったのである。

その論理は、農民は田畑で作物を生産し、年貢・役を果たしさえすればよいという封建思想ではなく、田畑に有益な作物（商品作物）を植え付けることで地域全体（藩全体＝領主と民衆のいずれも）で利益をあげるという新たな思想への転換を意味していたのである。そして、財政収入を上回る分を藩札の大量発行によって補い産業資金に充てるという手法は成長経済を目指したものといえるだろう。

しかし、それに対する批判もみられる。広島藩の藩儒者である頼杏坪は、財政収入を基調とした均衡財政を主張し、さらに国益思想に対しても、君主は仁政こそ大事であると批判する。

その意味では国益思想は近世後期の経済思想を考える上で重要なキーワードになるのだが、必ずしも普遍的な理念ではなかったといえるだろう。実際、幕末期の広島藩では藩札の濫発の結果、ハイパーインフレを招いている。池上幸豊が当初考えていた国益思想の本来の理念（というか志）から かけ離れていくなかで（あるいは国益思想の本質が表面化するなかで）、問題も見出されるようになったのである。

最後に本書を執筆してのコメントを一つだけ述べておきたい。とかく、「国益」というとナショナリズムの問題であるとか、地域エゴの問題など、ネガティブな印象で理解される。しかし、その源流を池上幸豊から明らかにすることで、年貢を納め、役を勤めさえすればよいという保守的で、その場しのぎな怠惰な思想を内包する封建思想に対する批判が発せられていることがわかる。そして、その前向きな姿勢を私益にしないためにも、国益ということで主張したということだ。池上幸豊のこういう姿勢を知ることで、私は溜飲が下がる思いがした。

最後に今回刊行するに当たり、ずっと長い間、原稿を待ち続けてくれた、同成社の佐藤涼子社長、編集を担当され様々なコメントを寄せてくれた山田隆氏には感謝申し上げたい。

二〇一六年九月

落合　功

国益思想《こくえきしそう》の源流《げんりゅう》

著者略歴

落合　功（おちあい・こう）

1966年　神奈川県川崎市に生まれる
1995年　中央大学大学院博士後期課程文学研究科修了
1998年　広島修道大学商学部専任講師
2002年　広島修道大学商学部教授
2013年～青山学院大学経済学部教授、博士（史学）

主要著書

『江戸内湾塩業史の研究』（吉川弘文館、1999年）
『地域形成と近世社会』（岩田書院、2006年）
『近世の地域経済と商品流通』（岩田書院、2007年）
『「徳川の平和」を考える』（日本経済評論社、2015年）

2016年11月18日発行

著　者　落　合　　功
発行者　山脇由紀子
印　刷　㈱ディグ
製　本　協栄製本㈱

発行所　東京都千代田区飯田橋4-4-8
（〒102-0072）東京中央ビル内　㈱同成社
TEL 03-3239-1467　振替 00140-0-20618

ISBN 978-4-88621-745-5 C3321

江戸時代史叢書 既刊書

1	江戸幕府の代官群像	村上　直著	2300円
2	江戸幕府の政治と人物	村上　直著	2300円
3	将軍の鷹狩り	根崎光男著	2500円
4	江戸の火事	黒木　喬著	2500円
5	芭蕉と江戸の町	横浜文孝著	2200円
6	宿場と飯盛女	宇佐美ミサ子著	2500円
7	出羽天領の代官	本間勝喜著	2800円
8	長崎貿易	太田勝也著	3000円
9	幕末農民生活誌	山本光正著	2800円
10	大名の財政	長谷川正次著	3000円
11	幕府の地域支配と代官	和泉清司著	3000円
12	天保改革と印旛沼普請	鏑木行廣著	2800円
13	江戸庶民の信仰と行楽	池上真由美著	2300円
14	大名の暮らしと食	江後迪子著	2600円
15	八王子千人同心	吉岡　孝著	2300円
16	江戸の銭と庶民の暮らし	吉原健一郎著	2200円
17	黒川能と興行	桜井昭男著	2600円
18	江戸の宿場町新宿	安宅峯子著	2300円
19	江戸の土地問題	片倉比佐子著	2300円
20	商品流通と駄賃稼ぎ	増田廣實著	2200円
21	鎖国と国境の成立	武田万里子著	2200円
22	被差別部落の生活	斎藤洋一著	2800円
23	生類憐みの世界	根崎光男著	2500円
24	改易と御家再興	岡崎寛徳著	2300円
25	千社札にみる江戸の社会	滝口正哉著	2500円
26	江戸の自然災害	野中和夫編	2800円
27	地方文人の世界	高橋　敏著	2000円
28	徳川幕府領の形成と展開	和泉清司著	3300円
29	川柳旅日記—その一 東海道見付宿まで—	山本光正著	2400円
30	川柳旅日記—その二 京・伊勢そして四国を巡る—	山本光正著	3800円
31	江戸の水道	野中和夫編	3700円
32	不義密通と近世の性民俗	森山豊明著	3300円

（価格は本体価格）